博瑞森图书
BRAGE

企业阅读 本土实践

管 理 · 人 文 · 生 活

第1本写给
快消品区域经理的实战指南

成为优秀的
快消品区域经理

37个怎么办，助你更专业！

伯建新◎著

中华工商联合出版社

图书在版编目（CIP）数据

成为优秀的快消品区域经理/伯建新著. —北京：中华工商联合出版社，2012.8

ISBN 978-7-5158-0236-7

Ⅰ.①成… Ⅱ.①伯… Ⅲ.①消费品市场—市场营销学—案例 Ⅳ.①F713.58

中国版本图书馆 CIP 数据核字（2012）第 140299 号

成为优秀的快消品区域经理

作　　者：伯建新
责任编辑：于建廷　楼燕青
责任审读：李　征
封面设计：久品轩设计
责任印制：迈致红
出版发行：中华工商联合出版社有限责任公司
印　　刷：三河市文阁印刷厂
版　　次：2012 年 9 月第 1 版
印　　次：2012 年 9 月第 1 次印刷
开　　本：787×1092 毫米　1/16
字　　数：220 千字
印　　张：15.75
书　　号：ISBN 978-7-5158-0236-7
定　　价：49.80 元

服务热线：010－58301130
团购热线：010－58302813
地址邮编：北京市西城区西环广场 A 座 19－20 层，100044
http：//www.chgslcbs.cn
E-mail：cicap1202@sina.com（营销中心）
E-mail：gslzbs@sina.com（总编室）

工商联版图书
版权所有　侵权必究

凡本社图书出现印装质量问题，请与印务部联系。
联系电话：010－58302915

什么样的书适合中小企业

我们为中小企业读者提供了几点辨识图书好坏的建议。

辨作者：没有实践经验的作者不是好作者

在我国，中小企业发展时间很短，相关知识的系统性程度低、经验化程度高，因而目前这方面的专家并不来自院校、科研单位、媒体等，而是来自企业。一些具备丰富企业经验的经营管理者、咨询培训师，边实践边总结，为中小企业量身设计出贴近实践的建议和方案。

例如，中国老板顾问宋新宇博士，他是从欧洲最大的管理咨询公司罗兰贝格中国总经理的岗位上离开，亲身实践，创立了易中创业科技有限公司，专为中小企业服务，他的课程、图书深受中小企业读者的喜爱。

辨内容：不能指导企业实战的书不是好书

适合中小企业的图书，一般有这几个特点：

- 宏观环境讲得少、微观操作讲得多；
- 普遍性理论讲得少、具体性案例讲得多；
- 国外情况讲得少、国内实际讲得多；
- 专业概念用得少、通俗语言用得多；

- 泛泛而谈的少、深入实务的多；
- 批判性抱怨的少、有建设性方案的多。

在一定阶段内，通过学习别人的成熟经验、结合自身情况，设计出简单、实用、有效的管理方案才是最重要的。

辨定价：优质优价符合读者长期利益

对很多作者而言写作是个出力不讨好的工作，他们大多每日忙于咨询项目或在各地授课，能够用于写作的时间很有限（我们很多作者都是利用机场候机或乘机的零散时间写作的），如果不是读者的不断追问、图书编辑的软磨硬泡，一本好书不知要等多久才能与读者见面。而作者们得到的版税，有时连自己一天的授课费、咨询费都比不上。

目前，原创的管理类图书一般价格在 35 ~ 60 元，优质优价是趋势，符合读者的长期利益。而一些低质低价图书，它花费的不仅是钱，更是您的宝贵时间，甚至会误导您的决策。

中华工商联合出版社有限责任公司与博瑞森图书的目标是成为“**中小企业的阅读伙伴**”。

“**博瑞森中小企业管理丛书**”就是我们专为帮助中小企业读者提升经营、管理能力而策划的。博瑞森图书愿与广大中小企业经营管理者及专家学者一起，用阅读助力明日冠军，为中小企业的发展做出一份贡献！

序

一位顶级区域操盘手的“自白”

看到本书，我的眼前为之一亮。

我是从营销员做起，慢慢转到营销咨询行业的，一干就是近十年。在这段职业生涯过程中，一半是咨询工作，另一半是培训工作。咨询工作要求的是整合和创新，培训工作需要的却是不断地温故和重复。为什么会这样呢？这主要还是由培训的对象决定的。

假如将企业比作一个铁打的营盘的话，营销团队中的区域经理就是那不断流动的士兵，虽然无需真刀实枪地像战士一样拼杀，但一样需要冲锋陷阵——开发市场、搞定客户。在这其中倘若没有扎实的技术素养和业务基本功是不行的。

企业的用人机制是能者上庸者下。每年都将淘汰低效员工，同时也需要招聘大量的新员工，然而新员工不缺智慧、激情，缺少的就是行业经验。在正常的思维中，经验是依靠个人工作时间积累出来的。也许经历了无数次碰壁，遇到过无数次纠结，还会留下不少遗憾。一个区域经理成熟的标准就是阅历丰富，能有效地应对、解决客户的各种问题，能快速抢占市场份额、攻城略地。攻必克，守必坚，招之能来，来之能战，战之能胜。很多企业依靠残酷的市场淘汰来培养企业的合格人才。

可是这种人才培养的方式代价是巨大的。

一方面，花费大量时间，以市场严重损耗为代价；另一方面，残酷的“赛马机制”淘汰了大批业务员，增加了企业的运营成本。“赛马机制”并非不好，但是那些被大量淘汰的所谓的“劣马”，有很多是因为缺乏经验和客户积累而在短期内无法突破销量。这些人倘若坚持下去，其中也会有人成为企业中的又一匹“千里马”。

本书的及时出现，基本解决了这个问题。

作者通过自己多年营销实战的经验积累，将快消品行业中区域业务员经常面临的37个常见问题进行了归纳整理、融会贯穿，从而形成一本将实战案例和理论体系相结合的实战指南。

这就是一本区域市场的实战指南，教导区域业务人员如何在纷繁复杂的市场现象中找到解决办法。尽管37个问题也许囊括不了市场的复杂需求，但这37个问题却基本涵盖了所有的市场难点问题。这对一个市场新手来说不啻于一个不会说话的“奶妈”，即便对于那些经验丰富的老业务员来说，也能提升自己的专业能力。尤其是像我这种天天给业务员培训的老咨询人，读完本书后的第一感觉就是三个字——“真功夫”。我最大的遗憾就是在年轻时没能读到此类图书，因为它也许会改变我的足迹。

诚然，提升业务员技能方面的刊物有很多，网络上也能搜到不少，但大部分都是不成系统的，只能算是见招拆招、临时应对的策略。一个业务员若想成长为销售经理、营销总监，看此书不失为一条走向成功的捷径。

37个问题宛如37粒珍珠，贯穿在一起必将发出璀璨光芒！

和君咨询合伙人、资深咨询师　高春利

2012年6月6日

前　言

一位合格的区域经理，不仅能武（销量和业绩），还要能文（善于总结、善于动笔）；需要勤劳智慧，更需要不断地学习和思考。

为什么写这本书

我在快消品行业里从业务员起步到区域经理直至做到分公司的总经理，十几年的工作历程，其中有苦有乐、有失败也有成功。我想把自己在工作中的点点滴滴记录下来，一是对自己十几年的工作历程的一个总结，二是希望能与更多和我一样至今仍奋战在市场一线的营销人员一起分享一下心得。

机缘巧合之下，2012 年通过网络认识了博瑞森图书出版公司的马优女士，双方都有合作的意愿，经过几次沟通后，我们对书的内容、形式有了一致的看法。写作与区域经理相关的内容，因为中国大多数企业里区域经理的岗位至关重要。原因主要有以下两点。

1. 区域经理作为企业的一个营销中层管理者，在市场一线工作，最了解市场，对上与公司总部的各个部门配合工作，对下指导企业的基层市场、经销商和基层员工的工作，工作的好坏往往关系到企业的发展。

2. 目前营销区域化的特征越来越明显，没有区域化的产品和区域化的营销策略，企业销售额要增长极其困难。

本书有哪些特色

本书采用案例加实践的形式来写，理论知识很少，重点是告诉你应该如何解决问题，当然本书还有其他的特色。

1. 本书是根据快消品行业的特点来写的，虽然立足于快消品行业，但是对于一些工业品和耐用品的销售人员也有实际的指导意义。

2. 本书通过37节的内容，将区域经理工作中经常碰到的问题，一一进行罗列，并就每个问题给出了解决方案。

3. 本书的案例和解决方案都源于区域经理的实际工作，这些个人工作经验都是在实践中得到验证的，对于区域经理而言更有针对性也更实用。

本书为谁而写

1. 正奋战在市场一线的基层业务人员、业务主管，可以通过本书不断地提升自己，为自己的未来打下基础。

2. 区域经理或即将成为区域经理的销售人员，可以借鉴本书解决在工作中遇到的问题。

3. 中层管理者或小企业老板，通过本书可以更加了解区域经理，更好地管理和指导区域经理。

在本书的写作过程中，我得到了很多帮助。感谢现在和以前工作的企业和领导的支持和帮助；感谢博瑞森图书出版公司为本书的付出，尤其是马优女士在本书写作期间不厌其烦地给予指导；感谢我的父母、我的爱人和我的儿子在我写作这本书的过程中给予的理解和支持。

伯建新

2012 年 6 月

目录
Contents

第一章 掌控市场 / 1

第二章 内部管理 / 95

第三章 常见误区 / 131

第四章 区域经理工具箱 / 163

第一章

掌控市场

第1节　如何处理市场遗留问题

面对市场遗留问题，逃避不是办法。如果不解决这些问题，你就有可能失去经销商，这也意味着你将失去整个市场。

从M区域调任到Q区域担任销售经理，表面上看是很正常的人事调动，但是，李天亮知道事情绝对没有这么简单。作为公司的一名区域经理，这几年自己就像消防员一样，四处奔波做着不同的救火工作。如今Q区域又交由自己负责，到底Q区域出了什么问题？接手Q区域还没多长时间，在基本了解市场情况后，李天亮就发现自己这次接了一个“烫手山芋”。

Q区域的市场销量不好暂且不说，还要面对前任区域经理遗留的一大堆问题：经销商老李反映自己去年搞活动的促销费一直没有返还；经销商老赵说今年年初遇到的客户投诉问题自己先解决了，公司却一直没有补货；业务员小李则说自己负责的客户老王库房里堆了一堆货销售不出去……

李天亮知道这些问题属于市场遗留问题，逃避和推诿不是办法，如果不解决，很可能会失去经销商或者市场，也意味着自己后期的工作将会遇到很大的阻力。在和自己的上级领导沟通后，上级领导虽然很重视李天亮提出的问题，也明确表示支持他，但是希望李天亮在解决问题的同时提升销量。

根据市场遗留问题的实际情况和上级领导的要求，李天亮在深思熟虑后决定从以下几个方面入手达到目的。

明确解决市场遗留问题的原则

不管是大客户还是小客户，是大市场还是小市场，抱着坚决处理的态度，用心处理市场遗留问题，并将这一处理原则传达给各个经销商，稳定经销商队伍。

了解和确认市场遗留问题

通过和经销商沟通了解遗留问题产生的原因，由公司及业务员核实这些问题，确定遗留问题的真实性，在经销商没有异议的前提下对遗留的问题进行最终确认。

对确定的市场遗留问题进行分类

根据问题产生的原因、问题的大小和解决难度将遗留问题分为：促销类问题、库存类问题、奖励承诺兑现问题、质量问题几大类。

对客户进行分类

根据客户与公司的合作情况、发展前景、客户销量和客户忠诚度将客户分为明星客户、金牛客户、问题客户、瘦狗客户四类。

不同的遗留问题，采取不同的解决方法

根据市场遗留问题的分类，按照轻重缓急的程序，以“坚持企业利益，以有效依据处理”为指导思路，采取了不同的解决方法。

（一）库存问题

采取换货、降价或者分流的解决方法。和经销商沟通后将不畅销产品换为畅销品；在加强控制、不损害产品价格体系的基础上，以公司补差价的办法适当降价，在相对封闭的小区域通过买赠促销活动解决问题；把此地积压的货物就近调给其他区域市场的经销商。

（二）促销类问题、奖励承诺兑现问题

采取以货抵款的办法，只要是当初承诺的并经过公司确认的经销商垫付的各项费用都予以报销。

（三）质量问题

采取补货的处理办法，只要资料齐全一律认可并予以解决。

不同的客户，采取不同的解决策略

（一）明星类客户的解决策略

明星类客户要销量有销量，要忠诚度有忠诚度，是厂家的优质资源，也是推动品牌竞争的主要对象。对明星类客户实行“承包责任制”的策略解决遗留问题，责任人全程跟进直到问题解决，对他

们的遗留问题该请示的请示、该打报告的打报告，在短时间内尽快解决。

（二）问题类客户的解决策略

问题类客户销量平平但忠诚度高，精心培育往往会有较好的发展，对问题类客户给予适当的关注，进行必要的安抚。要制定销量目标，根据销售量的完成情况设置不同的返点或者以补助的形式分期、分批次逐步解决遗留问题。

（三）瘦狗类客户的解决策略

瘦狗类客户要销量没销量，要忠诚度没有忠诚度，闹得比谁都凶，做得比谁都少，问题还不少，本来应该被打入“冷宫”，但是考虑到他们对公司的发展也有过贡献，对于他们的问题也就酌情处理。解决策略是先冷处理拖上一阵子，等市场时机成熟了，按照销售量给予长期少量的补贴慢慢解决问题。

（四）金牛类客户的解决策略

金牛类客户虽然销量很大，但往往朝三暮四，不把你的品牌当根“葱”。问题处理不好，公司的品牌很可能被他们毫不留情地打入“冷宫”；问题处理好了，反而可能将遗留问题变成客户面前晃动的“蛋糕”，使他们奋力推广产品。解决策略是先帮助他们解决一两个主要的问题，树立信心，随后在合作的过程中，通过创造资源逐步帮客户解决问题。

经过一年的努力，李天亮在 Q 区域不但解决了市场的遗留问题，而且销售额实现了同比 30% 的增长。

小提示：确定原则、把问题分类、区别对待不同类型的客户，在市场前进的过程中解决市场遗留问题，使遗留问题的解决与市场发展同步进行，这才是解决遗留问题的最好办法。

第2节 如何治理窜货

窜货是营销病症中的“超级杀手”，所有窜货都是从价格人手，侵蚀企业苦心经营出来的销售体系，导致价格混乱、渠道受阻、市场严重受损。

2006年李云龙大学毕业之后，就职于A饮料公司，成为了一名普通的业务代表。2007年奋战于华东市场第一线，后来转战西北市场，期间业绩斐然。2009年3月，李云龙从西北区被调至华中区担任区域经理，负责河南、湖北、湖南三省的销售业务。

回到公司办理完交接手续，临行前李云龙特意去找前任离职的曾经理，向他了解了一下华中区的情况，简单的交流后，李云龙的心顿时凉了一半，豫、鄂、湘三省位于我国的中部地区，介于华北、华东、西北、西南与华南之间，南北交通线繁多、交通便利、市场辐射能力强，而且人均消费水平高，自然成为了A饮料企业在华中区的重点市场。自2004年公司入驻该区域市场后，市场占有率逐年增高，销量也呈翻倍增长趋势。然而两年后，该区域的销量却一直停滞不前，利润严重缩水。

2006年华中区的年销售额达1000万，净利润却不足100万；2008年以后，销售额降至500余万元，市场严重亏损达200余万元；

2009年前三个月市场几乎处于瘫痪状态，经销商开始丧失信心，连续两个月没有进货。

造成这种局面的最主要的原因在于，该市场窜货现象严重，一开始是华北区域向华中区域窜货，把问题反映到公司，公司虽然表示要惩罚窜货者，但却迟迟没有任何实质性的举动。结果窜货现象越来越严重，多次反映都没结果，最后，华中区被窜货的经销商也开始窜货，就造成今天难以收拾的局面。

在了解了基本情况后，李云龙开始走马上任，到了华中区后李云龙没有急着到办事处主持处理日常事务，而是先到市场进一步了解情况，主要是了解本公司的饮料在该市场的销售情况、下级分销商的评价、主要窜货的区域、窜货的源头、渠道结构及分布等，并对主要的问题及客户的建议做了详细的记录。

对问题了解清楚后，李云龙认为曾经理的分析很有道理，要解决华中区的问题必须先从解决窜货问题入手，而解决窜货问题必须取得总部领导的支持才能成功。

李云龙将自己的市场调查情况以书面报告的形式呈给了总部的上级领导，又通过电话和领导沟通，就如何解决窜货的问题上得到领导的明确表态后，李云龙开始采取一系列的行动。

对外

对自己无权管理的区域的窜货经销商，李云龙在公司领导的支持下，采取了以下措施来打击这些经销商的窜货行为。

（一）抓现行、要结果

将华东区的M公司经销商到本区域窜货的证据直接递交到公司

总部，要求公司相关部门予以解决，并将结果进行通报，打击窜货者的嚣张气焰。

（二）出狠手、联合出击

在公司的支持下，联合华中区的主要经销商及分销商就窜货产品有层次的联合降价，让窜货者血本无归。

（三）穷追猛打，寻求舆论支持

通过人为传播的方式让其他区域的经销商都知道这件事，并引起高度关注，让上级领导迫于压力进行施压。

对内

对于在自己管辖权范围内的华中区域的经销商的窜货行为，李云龙采取了以下措施来解决窜货问题。

（一）召开正式会议

李云龙召集华中区的业务人员和经销商召开了上任后的第一个会议，在会上李云龙先听取了各个经销商和业务人员对工作的意见和想法。如李云龙所料，经销商和业务人员对于窜货行为深恶痛绝，并表示如果能够很好地解决窜货问题，华中区的销售问题一定能够得到改善，这正是李云龙想要的结果。李云龙趁势介绍了自己走访市场的情况，并在会上表明自己打击窜货行为的决心，告诫部分经销商不要往枪口上撞，同时希望经销商和业务人员能和自己一起来努力。

（二）趁热打铁与经销商签订合同，明确细则

在合同条款里明确列出禁止窜货，并做出窜货行为罚款10000元的处罚规定，同时对积极举报窜货的人员，举报经查属实即给予窜货罚款额50%的重奖。以此警示窜货者，增加窜货的障碍和成本。

（三）设置由专人负责的职能部门

设置由专人负责的职能部门监察市场，李云龙自己担任最高领导。

巩固

在李云龙一系列强有力的措施下，华中区窜货现象得到了根本性的遏制，经销商的热情达到空前高涨，市场也开始一天天地好转，为了进一步维护这个成果，防患于未然，李云龙又推出了一系列的措施。

（一）要求业务人员定期处理积累的市场问题

对调货、售后服务及厂家未支付承诺的相关费用等问题，要求业务人员每三个月进行一次集中汇报和处理，这样既增强了企业的话语权也树立了企业在区域市场的权威。

（二）制定市场营销方案，建立监控系统，监督客户的执行情况

根据地域间竞争程度、消费水平、市场发展阶段等因素，对不同的地区在产品、价格和促销方面进行区别对待，使各地区的主产品不同，相同的产品在价格和促销方式上也不同，形成不同区域不同特色的产品价格体系和推广体系，更好地适应市场的发展。同时，

在华中区设专门的负责人，经常到各个市场监察情况，了解产品价格水平，看是否有窜货的行为。

为便于监控，李云龙还安排销售内勤随时监察区域内经销商的销量报表数据，观察销售动态和变化，把握销售动向，及时了解发现经销商出货是否出现大的波动或其他异常情况。

（三）完善价格体系，采取适当的激励政策

考虑到地域间竞争程度、消费水平、市场发展阶段等因素，以及不同地区不同价格政策等实际情况，为了避免部分经销商为拿到更高返利和费用支持、为冲销量不择手段，李云龙在考虑返利和促销等政策的时候，在返利上采用过程性返利政策（即返利根据经销商的销售情况分步骤、延期分步进行返还）；在促销方面不再直接向经销商打款，而是要求经销商和销售人员一起共同落实促销活动，相互制约和相互监督。

（四）对销售人员进行科学的考核

改变过去“以销量论英雄”的考核制度，对销售人员的考核重点加强过程性考核，考核市场铺货率、陈列生动化、经销商服务等指标，防止出现销售人员为销量对经销商的窜货行为“睁一只眼，闭一只眼”。

（五）采取技术性的措施控制窜货

为更有力地控制窜货，采取了相关措施：一是通过和企业协商，在部分区域市场通过差异化包装（改变规格和包装设计）区隔产品；二是采用产品批号区位码和在不同的位置打码来确定区域货物的流向，从根源上杜绝窜货。

小提示：解决窜货问题一是必须得到总部领导的支持才能取得成功；二是必须堵住源头、出狠手，从源头入手才能治根，出狠手才有威慑力；三是改变过去“以销量论英雄”的考核制度，加强过程管理。

第3节　如何破解旺季经销商资金难题

经销商不会让自己的资金闲置，都希望利用这些资金来为自己创造更多的利润。

一年一度的销售旺季即将到来，市场形势一片大好，M区域的区域经理陈晨盘算着如何利用销售旺季将区域销售量再提升30%。有着几年区域市场操作经验的陈晨深知如果自己能在销售旺季抓住机会，就意味着明年整个T市场可能会有翻天覆地的变化。

一是企业的产品利用这个销售时机可以在M区域的消费者心目中树立品牌意识，企业的产品就能在M区域市场站稳脚跟；二是可以给竞争对手T品牌等带来很大的杀伤力，明年的整个销售情况就会相对变得轻松一些，因此，陈晨早就做好了销售旺季备货工作的相关准备工作，并将工作计划传真给各个业务人员，要求业务人员严格按照计划做好旺季的相关准备工作。

本以为一切尽在掌握之中，但是一线的业务人员却给陈晨出了个难题。他们反映很多经销商资金短缺无法按照预定计划打款备货，旺季的备货计划有“夭折”的可能，对于这个问题，有的业务人员建议赊销，待旺季过后再清收货款，陈晨却认为此建议不妥：一方面赊销会增加应收账款的风险，一旦出现问题将难以解决；另一方面企业的原则是“见款发货”，此举根本行不通。机会稍纵即逝，如何解决旺季经销商资金难题让陈晨很为难，到底该怎么办呢？

在和富有经验的A区域的区域经理李胜利就此事沟通后，经过深思熟虑，陈晨在如何解决经销商旺季备货资金的问题上有了新的想法，陈晨认为经销商出现旺季备货缺款的原因，主要有以下两个方面。

（一）经销商的资金被占用

经销商的资金被占用是目前经销商在备货过程中资金短缺的主要原因，也是经销商在市场经营中常遇到的问题。一般而言，经销商的资金被占用在以下几个地方。

1. 大型卖场和中型超市渠道占用资金

目前，大型卖场、中型超市或者连锁超市，在市场中的话语权越来越大，对经销商的挤压也越来越厉害，经营惯例就是对经销商经销的产品提出账期和赊销等要求，账期短则45天，长则可达3个月，被占用的资金少则几万多则几十万，这给经销商带来了沉重的负担。经销商和厂家合作采取的是现款现货的供应体制，而针对大型卖场、中型超市或者连锁超市采取的则是赊销和账期的合作方式，因此，就会出现经销商的资金被渠道占用的情况。

2. 经销商的库存不合理占用资金

经销商需要保证一定的库存来应对市场的补货等突发情况，但由于对库存管理不善很容易造成积压产品，不畅销产品的库存较大，而畅销产品货物供应紧张，不畅销产品占用大量资金从而使经销商的现金流断裂。

3. 经销其他产品占用资金

每个经销商都不会让自己的资金闲置，都希望利用这些资金来为自己创造更多的利润。因此在销售淡季时，经销商就会利用这些资金代理一个新产品从而创造更多的利润，这样在旺季就容易出现由于代理其他产品资金被分流、占用的情况，难以完成旺季的备货工作。

（二）经销商本身缺乏资金

经销商的渠道规模有大有小，小的经销商本身的规模和财力有限，只能满足相对正常情况下的货物供应，存在季节性的资金短缺问题，旺季到来时由于销量的突然性增长，无法在短期内筹集更多的资金来满足市场的备货需求。

如何解决旺季备货缺款问题呢？根据对问题原因的判断和思考，陈晨决定采取以下措施来解决这个问题。

制定回款计划

通过对进货方式的调整来合理使用资金，进货方式化整为零，根据经销商的资金到位时间或卖场、超市的结款时间，制定回款计划安排备货工作，改善过去集中进货一次性占用大量资金的问题。通过化整为零分批进货的方式，解决经销商资金短缺、旺季备货困难的问题。

实物质押担保

实物质押担保就是通过对固定资产如房屋、车辆采取抵押的方式，间接取得企业的货款担保及时补货，解决经销商资金不足的问题，当然，这需要和企业进行沟通协商，得到企业的支持后才能付诸行动。

旺季到来之前开展订货会获取预付款

通过利用旺季产品好销售的特性，邀请二批商、大的零售终端等客户开展旺季订货会，通过设定一定幅度的奖励措施或者订货奖励制度，让二批商、大的零售终端在订货会上先交款后进货，并享受相关的奖励措施，利用时间差调整资金问题。

协商由企业向终端供货

根据卖场和超市占用经销商资金过多的情况，经销商和企业进行沟通协商后，获得企业支持，把重要的、销量较高的超级终端的供货方式变为由企业供货、经销商管理的方式，缓解了经销商资金被终端占用的问题。

L企业的大区负责人王经理在得知M区域C市场在旺季到来前，由于经销商资金实力有限，无法按照企业的要求进行旺季备货的特殊情况，通过与驻地的城市经理沟通后，了解到由于两个卖场占用经销商大量资金而造成经销商无法按企业预期目标进行备货的事实，在了解该市场情况后发现，两个卖场在整个区域市场非常强势，而且货款安全有保证。

针对这一情况，王经理和陈晨采取了以下方法解决C市场经销商资金被占用的问题。

1. 变更两个卖场的供货协议。公司出面与两个卖场签订供货协议，卖场由公司统一管理，与卖场协议要求经销商前期和后期的货款必须打到公司指定的账户上。

2. 经销商在整体市场政策不变的情况下负责这两个卖场货物的配送及售后服务，享受两个卖场的经营利润，负责解决卖场的退货问题，同时就两个卖场的应收货款或者货款风险问题，公司与经销商签订协议，由经销商承担两个卖场的债务问题。

3. 公司结转经销商前期在卖场的垫付资金，在票据齐全的情况下为可使用货款，后期经销商给两个卖场供货的送货票据或卖场的验货单的金额也作为经销商对应金额的货物供应。

4. 公司驻地的业务人员负责管理卖场的送货票据和验货单，定期将票据带回公司，财务审验核准发货金额并负责货款的清结。

5. 经销商负责卖场以外的所有终端市场的旺季备货资金，并准时打到公司账户上。

6. 本解决方案以两个月为限，待旺季过后经销商资金正常运转后，与两个卖场重新签订协议全部由经销商管理。

上述方法得到了企业的支持和业务人员的认可，也得到了经销商的拥护。通过努力，陈晨在旺季到来之前不仅解决了 M 区域市场经销商旺季备货资金不足的问题，也保证了 M 区域市场的健康发展，最终的结果是该市场在旺季的销量实现了公司有史以来的重大突破，旺季过后货款也安全、准时到位了。

小提示：企业利用旺季的销售时机不仅可以在区域市场消费者的心目中树立品牌意识，在区域市场站稳脚跟，还可以给自己的竞争对手带来很大的杀伤力。

第4节 如何做好区域促销

区域促销的作用不言而喻，如何使促销活动“促而有力”，这是区域促销的关键。

小王是一家企业A市场的区域经理，负责市场的整体运作，上半年的市场销售比较正常，没有太大的起伏，但从下半年开始，竞争对手公司针对旗下的一款产品展开了强有力的促销活动，对小王企业的产品销售产生了一定的影响。小王在没有经过详细的市场调查的情况下，立即向总部申请也开展了一场类似的促销活动回击对手。结果市场销量虽然得以回升，但促销活动结束后公司产品整体的价位体系被打乱，市场出现一片混乱。事后通过了解，得知竞争对手开展促销活动的目的只是为了消化库存而已，得知实情后的小王懊悔不已。

促销活动是市场营销活动中不可或缺的一部分，作为一种市场营销的手段，在市场扩增、抵御竞品、销量上量、品牌提升等方面起着重要的作用。从以上这个案例中我们可以看出，小王在打算做促销时根本没考虑清楚或者考虑得不够细，只是因为竞争对手在做促销对自己有影响就跟着做促销，当然跟着竞品做促销活动的想法没什么问题，问题的关键是应该怎么做才能使促销有意义、发挥促销的真正作用，如果像小王一样只是盲目地效仿，促销也就失去了意义。那么，作为区域经理应该如何做好区域促销呢？

明确促销的目的

促销目的是对行动的召唤，可以从购买者那里得到及时反应。每种促销手段都会在客户心中产生特定的反应，但并不是所有的促销手段都能达到销售目的，因而只有明确目标，采取的方式、方法才能有针对性，才能实现促销真正的目的。如果一开始方向就是错的，那么不论采取什么样的促销方法，结果只能适得其反。

因此，做促销前一定要考虑清楚我们为什么要做促销？促销的理由是什么？促销的目标是什么？只有把这些问题想明白了，制订的促销方案才有针对性，采取的措施才有效，促销活动才有效果。

认清自己的实力

市场促销是企业整体营销策略的一部分，意味着企业要投入资源，因此，在开始准备促销活动的时候就要正确认识自己。明确自己在市场中的角色地位、产品的生命周期、产品的定位、产品在市场表现中的优缺点、企业的实力、产品的特点、品牌认知度、产品的目标消费人群等情况，只有正确认识自身的情况，促销活动才能有效实施。

（一）在引入期阶段

广告推广和促进销售的成本都很高，消费者对产品尚处于不认可阶段，这个时期的促销活动以推广产品为目的，采用购买老产品搭赠新产品、免费品尝、免费试用的方式让消费者快速接受新产品。

（二）在成长期阶段

由于购买者的口碑宣传等因素影响，市场发展迅速，这时可以适当降低促销成本，选择特价或同品多买多赠的方式进行促销。

（三）在成熟期和衰退期阶段

由于市场的竞争日趋激烈，此阶段的促销成本增加，促销策略也应该进行调整，多以与竞品进行有效区隔的促销方式为主。

例如，企业产品在区域市场上销售不畅的原因是终端铺货率不高，而造成这一局面的原因在于终端因为利薄不接货，这时就要开展针对终端的促销活动，如开展累计进货奖励、产品陈列奖励或者进店奖励等活动。

相反，如果你的产品因为价格问题而不被消费者广泛接受，那么你就要针对消费者开展促销活动，如买赠、特价、消费奖励等活动，如果以上两种问题都存在，那么你就要采取两种方法并用的方式。

再如，企业的产品定位为高端产品，消费者对产品价格不敏感，促销可能就要针对终端，利用让终端获利的方式来促进销售。

企业实力有限却不切实际地开展一场针对强大竞争对手的促销活动，结果只会让自己损失惨重，促销活动无疾而终。要使促销达到效果，认清自己的实力非常有必要。

某区域经理小李因为厂家开发的高价格产品在他负责的区域上市后，得知某知名厂家的同类产品通过实行买赠促销活动，取得了很好的效果，于是就在本区域随即模仿开展了比知名厂家更大力度的买赠促销活动，但最终的效果却很差，关注者、购买者寥寥无几。事后分析这个结果发现，失败之处在于：在选择促销形式时，没有正确认识自己、没有考虑自身品牌在消费者心目中的认知度和产品在市场中的地位等因素。

小李看到别人的促销效果好，就认为自己加大促销力度一定也可以有好的效果，殊不知人家是成熟品牌，购买者多是固定消费群，产品品质和价格已经得到消费者的认可。作为一个新品牌，在消费者根本不了解的情况下，在消费者对该品牌还没有形成价格概念时，跟风开展类似的促销活动，根本就不能引起消费者的关注，更谈不上购买了。

正确把握市场特性

市场千变万化，每个市场由于消费者的构成不同、地域差异、消费习惯差异、文化环境不同、收入差别及竞争对手不同，市场的运作方式和方法也有所不同。消费者心理和消费环境不同，消费者对促销活动的接受程度也有所不同，终端对促销方案的理解和实际执行结果也不一样，因而需要根据市场的不同特性采用不同的促销方式。

例如，买赠活动在A市场的效果好，并不表示在B市场的效果也一定好，可能在B市场开展特价促销活动效果会更好。如果不区别对待市场，统一采取一种促销方式，结果是可想而知的。对不同的市场制订促销方案时，需要充分把握了解市场特性、消费习惯、文化环境以及收集竞争对手信息，只有这样，制订出的促销方案才能切实可行、达到目的。

小李是A酒厂在K市的区域经理，根据公司的要求，在旺季来临时开展一场大的促销活动来全面提升市场产品的销量和推广公司的品牌，主要针对终端累计进货和消费者买赠的方式开展促销活动。该活动在公司的另一个市场执行的效果非常好，因而总部也要求小

李将活动落实到位。

然而，小李在活动一开始就发现产品的整体出货量虽然不小，但产品的回转却很不理想，大部分货物都积压在终端，利润都被店老板独吞了，同时产品的价格体系也出现了问题，部分终端以低于进货价的价格销售产品，对市场造成了很大影响。在了解这一情况后，小李一方面向公司积极汇报，另一方面和经销商商议调整活动形式，在获得经销商的理解后，与公司市场部沟通获得支持后，小李对活动政策进行了相应的调整。

首先，全面停止现阶段的促销活动并进行市场调整。

其次，改变促销方式。将公司原来活动的赠品折价计算，将费用按照原来的促销策略进行现金分配。

最后，制订新的促销策略。采用酒盒内加贴刮奖的形式进行“1+1”促销，凡消费者消费公司的产品刮出的奖励可在任何小店内予以兑换；凡兑换奖励的终端售点在公司送货时均可凭刮奖卡兑换现金或货物。具体方式是消费者刮出5元奖金，店主予以兑换后可折抵10元的货款，以此类推。

通过这一促销方式的调整，K市场的促销活动不仅得以顺利开展，市场销量也实现了快速增长，同时产品的价格体系也得到了很好的维护。

从小李对市场促销政策的调整中，我们可以看到，市场的差异性导致一样的政策执行后却得到两种不同的结果，因此，不同市场的促销活动需要结合当地市场的实际情况进行操作。

结合终端实际灵活应变

不同的产品需要不同的终端售点，促销活动的开展必须先考虑产品的销售终端情况。因为终端售点由于规模不同、地理位置不同、周边消费人群不同、店主处事风格不同、经营理念不同，同样的促销活动执行后的结果也不同。

例如，针对商业地段的大卖场，可能特价促销的效果更好；而社区终端采用累计进货的奖励政策效果可能会更好；有的终端店主更容易接受返现的方式；而有的店主则更喜欢累计奖励政策。

因而在整体的促销活动方案完成后，在执行的过程中就要对方案进行适当调整，在遵循大的原则不变的情况下，针对特殊的店面灵活调整促销方案。

同时，在进行促销活动时需要根据终端的场地、位置、档期、广告宣传单的发放等实际情况灵活地进行调整。位置不好需要结合实际情况调整，大家都知道电梯口、收银口等流动区域对于多数快速消费品尤其是大众普遍了解的消费品来说是非常不错的位置，也是很多厂家的必争之地，但如果无法落实到位就要考虑其他位置；如果不能结合档期就需要灵活调整促销时间，毕竟达到目的才是促销的本意。

结合使用促销和广告宣传

如果促销提供了购买的机会，那么广告宣传就为消费者提供了购买的理由。一个好的促销方案除了强调人员的执行力、要求落实到位外，必要的广告宣传不可缺少。好的促销方案如果没有广告宣传，消费者毫不知情，效果能好吗？研究表明，单纯的价格促销仅能使销售量增加15%，当它与广告结合的时候销售量就会增加19%。

对于每位区域经理来讲，区域的每一场促销活动的结束只是暂时的，如何使促销“促而有力”？在做好上述工作的同时，还要把握

好促销的时间、时机，避免不合时宜的促销浪费资源，防止过度的促销活动对价格体系造成负面影响，同时还要学会避开竞争对手的锋芒，从而保存实力待机而动。

小提示：促销前一定要考虑为什么要做促销？促销的理由是什么？促销的目标是什么？只有把这些问题想明白，制订的促销方案才会有针对性。

在准备每一次促销活动前就要对自己有一个正确的认识，只有正确认识了自身情况，促销活动才能有效实施。

市场的差异性会导致一样的政策执行后出现两种不一样的结果，原因在于市场特性不同结果也不同，不同市场的促销活动需要结合当地市场的实际情况进行操作。

好的促销方案需要和广告宣传相结合。研究表明，单纯的价格促销仅使销售量增加15%，当它与广告结合的时候销售量就会增加19%。

第5节　如何进行新产品推广

有了新产品意味着对付竞争对手多了一个武器，市场销售就会多一个新的增长点和利润点。

企业的新产品即将上市，要求各个区域做好新产品上市的准备工作，听到这个消息，对于上任已经半年的A区域经理李东风来说，既是高兴的事，又是忧愁的事。高兴的是，有了新产品等于是多了一个对付竞争对手的武器，市场销售又多了一个增长点和利润点；而让李东风忧愁的是毕竟自己上任才半年，在这半年里刚理顺了市场，有很多东西还处在学习的过程中，对于怎样推广好新产品自己心里还没有把握，过去也没有推广新产品的经验，突然要接手新产品的推广工作，他心里有些发怵，害怕自己失败，从而无法向公司交代。万般无奈之下，李东风决定通过电子邮件向有着丰富的市场经验的区域经理马凯请教，请马凯提出一些好的想法，供自己参考一下。在收到李东风的电子邮件后区域经理马凯很快给李东风回复了自己的意见。

马凯认为需要从以下几个方面来推广新产品。

新产品推广需要避免的误区

（一）盲目追求铺货率

很多区域经理认为推广新产品铺货率越高越好，因为终端能见度高，就会吸引消费者购买，符合“看得见、买得到”的营销原则，从理论上来看这是对的，但在实践中却并非如此。

1. 新产品是“新面孔”，消费者接受与认可是需要时间的。

2. 新产品之所以叫新产品，原因在于无销售基础、无固定客户群，虽然有尝试购买的消费者，但总体消费人群有限。

3. 新产品的快速流转要求渠道快速消化掉，否则便会产生滞销从而引发退货。

4. 大面积的铺货会导致终端推动力下降，因为对终端来说新产品是谋取高额利润的工具，大面积的铺货会使终端失去这一机会，

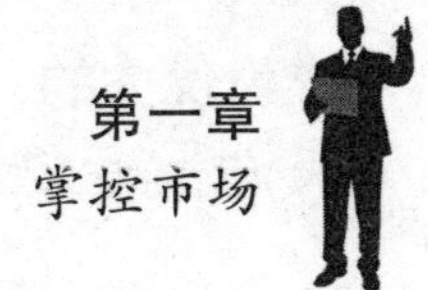

推动力下降就意味着上市未必成功。

小提示：正确的方法是铺得越对越好，即先重点、后普及、以点带面，通过生意好的、对该地区具有影响力的、能快速销售产品的终端形成购买力、认识度和产品影响力后，再吸引小的终端销售新产品。

（二）盲目要求终端上货数量

出货量越多意味着终端货物越多，因为上货数量多意味着终端陈列面积大，虽然能吸引消费者的眼球，拉动消费者的购买力，但新产品的售后服务是第一位的。卖不动就要解决退货、换货的问题，对于终端而言一旦销售不畅，经销商就会失去信心，再好的产品也会在经销商眼里大打折扣。

小提示：正确的方法是宁缺勿滥，宁愿你的产品买断货也不能让新产品被积压，要十件货只能给五件，根据情况逐渐加量，可以用空箱陈列等方式来解决产品陈列和产品展示的问题。

（三）盲目追求低价格

认为质优价廉，价格低了肯定好卖，销量就大，因而把新产品的价格定得很低。但事实并非如此，新产品上市后，消费者不知道它到底应该卖多少钱，在没有同类竞品比较时更是如此。认为质优价廉就好卖，这只是一厢情愿，消费者不买账，而且新产品一开始就低价上市，消费者会认为产品品质不好，毕竟消费者有“一分价钱一分货”的心理。

小提示：正确的方法是给新产品定一个合适的价格，待有价格沉淀效果后，再低价促销。

（四）盲目追求广告量

广告宣传有促进产品销售的作用，新产品上市广告宣传必不可少。因此，在新产品上市时就容易陷入这样的误区——广告越多越好。“脑白金”、“黄金搭档”不就是靠广告发展起来的吗？的确如此，但在行业趋于微利的时代，你能投得起这么多的广告吗？在低利润时代过多地广告投入，只会让消费者认为买产品是在付广告费，上市的结果可想而知。

小提示：正确的方法是适度地投入广告，充分地考虑新产品的利润空间与销量，制订合理的广告计划。

（五）盲目追求品种的多而全

认为多品位、多品种、多规格的产品可以满足不同的消费需求，可以适应市场细分的要求，反正上市的推广费都一样，但从市场角度来分析就会发现这种上市的方法存在严重的问题：

1. 使消费者分流，消费者选择盲目；

2. 无法集中资源重点推广产品，造成资源的浪费，迷失推广重点；

3. 造成同品类产品互相竞争，导致新产品上市整体量过大，分开量过小，给生产带来困难。

小提示：正确的方法是找出主推产品和潜力大的产品重点推广上市，待形成规模后，再细分产品，这样分阶段地跟随入市既可增大成功的概率，又可避免不必要的风险。

（六）盲目追求推广费

认为推广费用越多终端就会越卖力推荐，经销商就会大量进货，业务员就会越卖力工作。但结果反而是：终端价格混乱，经销商对利润的高追求和业务员一味追求供货量，造成货物的过度积压，最终新产品推广费没有了，产品也死了。

小提示：正确的方法是将适度的推广费和合理的推广策略进行有机结合，并做好监督和管理工作，避免进入推广误区。

（七）盲目追求促销活动

促销活动是新产品上市推广的常用手段，是对推广费用的一种有效补充，主要针对消费者，目的在于吸引消费者购买和尝试新产品，因此很多人就对促销力度与促销时间产生了不正确的想法。认为促销力度越大、时间越长效果就越好，单纯地认为没有不为两分钱心动的顾客，长时间的促销会稳定销量和消费群体。

问题是力度过大的促销让消费者对新产品的价格产生疑问，时间过长又使产品缺乏新鲜度，造成新品上市后期出现价格不稳定和销售增长缓慢等问题。

小提示：正确的方法是促销力度的适中与灵活多变的政策相结合，促销时间做好阶段性调整，既要防止价格体系混乱，又要避免消费者丧失对产品的新鲜度。

新产品推广需要做的工作

（一）充分了解新产品

每一个产品都有自己的特点与个性，区域经理只有充分了解新产品，才能找到新产品的卖点和利益点。充分了解产品：一方面来自于企业相关人员的介绍，另一方面需要区域经理去提练、挖掘，如产品新颖的包装、醒目的颜色、简洁、易记的品牌名称、名字等。

对于饮料或酒类产品区域经理最好能通过亲自品尝，了解产品的本质、与竞品的不同点与优势。同时，通过深入了解新产品，可以让区域经理清楚如何向客户和业务人员介绍新产品，增强他们推销新产品的信心，清楚新产品的消费群体，明确自己的产品应该卖给谁、如何卖，从而制定出切实可行的推广方案。

（二）了解市场环境和竞品信息

针对所负责区域的消费水平、消费特性、消费心理和终端心理进行充分的调查和了解，找到新产品推广的立足点和突破点，确定新产品上市的策略与方法；了解竞品信息：竞品的价格、卖点、特点、优势、劣势以及促销手段、推广方法、运作技巧等，找到对手的不足之处，把握新产品上市的机会。对市场环境和竞品信息了解得越充分，新产品推广成功的可能性就越大。

（三）分析区域的网络渠道情况

根据对新产品的了解，区域经理需要结合区域终端资源对网络渠道进行分类，如二批网络、超市、酒店等，确定这些网络渠道在新产品上市中所承担的角色和能起到的作用，分析新产品是否应该进入这些渠道网络以及进入的时机，找到新产品需要进入的渠道和需要重点关注的渠道。饮料产品可以以超市为重点选择大的通路渠道；酒产品选择超市渠道同时以酒店为重点；果味牛奶产品则需要将学校与家属区门口的终端作为重点等。

（四）设计好利润空间与价格体系

新品上市充满风险，一是渠道方面要承担高昂的配送成本，同时要承担退换货和销售不畅的风险；二是要借助终端推动力，很多时候新产品上市成功与否终端推动力起着重要作用。因而在新产品上市之初，区域经理需要根据区域的实际情况设计相对合理的价格体系，在保证终端利润的同时需要预留出合理的价差来减少因退换货和销售不畅给渠道带来的风险，又补充了配送费用。

（五）制订好新产品上市的推广计划

新产品上市计划工作尤为重要，它是新产品上市能否成功的一个关键因素，因而在新产品上市前，要做好新产品的推广计划，保证新产品上市工作有计划性和目的性地开展，防止新产品上市的盲目性。

一般来说新产品上市计划主要包括以下内容：

1. 确定上市的时间，即新产品进入区域市场的时间。决定好时间后才可以让经销商和业务人员提前做好准备。

2. 定好铺货的时间表。要求铺货时间连续不间断为好，保证短期内完成。

3. 确定铺货率和铺货量。确定A类、B类、C类终端的铺货率指标以及铺货数量，防止积压货物和销售点过密。

4. 制订好新产品上市的促销方案。主要是制定符合市场实际情况的渠道或终端促销政策。

5. 做好人员培训。主要是对产品知识、铺货技巧、铺货要求、工作目标的培训。

6. 划分市场区域。主要是确定新产品在各个区域内市场的上市步骤和推动计划。

（六）要建立售后服务保障制度

新产品上市，终端对新产品持怀疑态度、有防范心理，怕销售不畅造成损失，往往会拒绝进货。因而新产品上市时要做好售后服务，通过建立退换货承诺制度保证新产品进入终端渠道，促进新产品成功上市。

（七）要加强终端生动化工作

新产品上市之初，由于消费者尚不了解新产品，特意购买新产品的概率几乎为零。因而要想让消费者快速了解新产品并实现销售，一方面需要终端的推介，另一方面需要将新产品或新产品信息充分地展示在消费者面前，让消费者在终端能随时看到新产品，了解新产品的信息，这就需要在新产品的推广过程中注重做好新产品在终端的陈列、展示和新产品宣传海报张贴的终端生动化工作，吸引消费者的目光，让新产品能够快速地被消费者接受。

小提示：区域市场的新产品推广，区域经理充分了解新产品和市场的实际情况是基础，制订出详细的市场推广计划和方案才能有备无患，才能让新产品推广多一些胜算。

第6节　如何提升市场销量

企业能否正确地判断一个区域市场情况的好坏，销售量往往成为一个最直接和最为重要的考核指标，在以销售为龙头的企业，市场销量决定着区域经理的地位。

都说新官上任三把火，凌云从销售代表升为区域经理已经有一个月了。在这一个月的时间里，凌云陆续完成了对A区域市场客户的拜访、市场的调查和内部管理等一系列的工作，对整个市场的工作基本上理顺了。此时，对于凌云而言，如何提升区域市场的销量成为了迫在眉睫的任务。

因为，在他上任前，公司十分看好A区域市场的发展前景，此次将凌云从销售代表升为区域经理也正是看好新人有冲劲、有想法和肯吃苦的的优点，希望A区域市场的销量能在凌云的带领下更上一层楼。

对于公司的要求凌云心里清楚，自己没有退路只能前进，然而，对于如何能在一定时间内提升区域的市场销量，凌云心理着实没底，自己到底该从什么地方入手，该采取什么样的方法呢？

凌云想到了公司的营销高手李云龙，他在公司里可是赫赫有名，不仅销售业绩在各个区域独占鳌头，同时也被冠以“常胜将军”的称号，他负责过很多的市场，但是不管这些市场过去情况如何，在经他手之后总能起死回生。为此，凌云给李云龙发了一封电子邮件，在邮件里凌云这样写到：

李经理：

您好！

到A区域市场已经一个月了，在这一个月里我已经完成了客户的拜访、市场的调查和内部管理等一系列的工作，整个市场的工作也基本上理顺了。目前，面对的问题就是如何提升A区域市场的销量。作为一个有着丰富的市场操作经验的营销高手，希望您能给我提供一些帮助和支持，谢谢！

祝：安琪！

凌云

×年×月×日

李云龙很快就回复了凌云，他认为作为区域经理要提升市场销量需要从以下几个方面来入手。

寻找市场机会

市场机会无处不在，这就需要区域经理去寻找和把握市场的机会，这样才能实现销量提升的目的。一般而言，提升市场销量、寻找市场机会需要注意以下几点。

（一）寻找新的空白市场

1. 找出未被开发的空白市场并进行开发，对于一个全新的空白市场而言，即便是稍微开发一下都会使销量有质的飞跃。

2. 对已开发的市场找出市场区域还没有覆盖到的盲点再次进行细致的耕作，通过对市场的精耕细作进行市场覆盖，从而找到市场新的增长点来提升市场的销量。

3. 对于精耕细作市场覆盖不完全或者没有完全渗透的市场，扩

大市场的产品覆盖面、改善产品品相、增加产品数量、渠道的陈列、增加渠道终端或者上货数量来增加售卖机会和市场的出货量，从而实现销售量的提升。

（二）寻找终端渠道扩展机会

通过对终端渠道的了解和市场摸底，摸清企业产品在整个区域市场终端渠道的市场结构和分布情况，并在维护和加强现有渠道终端基础工作的前提下，通过扩展新的终端渠道来实现销售量的提升。如很多企业在对传统零售渠道、连锁超市以及大型卖场等终端渠道进行充分地市场运作后，企业在此基础上另辟蹊径，通过对特通渠道终端（团购、政府采购、酒店采购、夜场）的扩增都能取得良好的销售业绩。

（三）寻找产品的市场扩展机会

通过对产品原有功能的挖掘、延伸或者寻找产品的特殊利益点和新的消费群体，在对产品的再认识过程中，找到新的诉求点并针对新的市场人群进行宣传，在保持现有消费群体的同时，通过扩大适用人群或者新消费群体来实现市场销售量的提升，很多保健产品较为广泛地运用了这一点。

调整营销模式或方法

区域市场的营销模式很多的时候决定着市场的覆盖面和市场后期的销售量，通过对市场营销模式的调整或改变在一定程度上对市场销量的提升也有所帮助。

（一）加强对渠道的管理

1. 加强对分销渠道和终端覆盖面的管理。通过确定销售指标产品铺货率、渠道占有率两个方面来提升产品的市场销量。

2. 增加渠道商或分销渠道商，实现渠道上的突破扩大市场覆盖面。增加代理商或者增加分销商使产品在这两个渠道上的出货数量增加，加强终端渠道上货频率、配送服务、改善产品品相增加产品数量，实现产品销售量的提升。

（二）对业务人员的激励措施

通过激励基层业务人员来调动人员的积极性，使业务人员由被动转向主动工作。市场扩张由过去的等、靠、要转为积极的想办法、想对策，挖掘人的潜能并加强实际行动，提高产品在各个渠道上的销售数量来实现整体产品销售数量的提升。

加强产品的推广和规划

（一）通过对老产品的改造和市场推动来提升现有的销售量

实现方式：一是通过加大老产品的产品促销力度来提升老产品的销售量，这是很多企业为提升市场销量采取的常用方式；二是通过提高老产品的产品价位，形成一定的利润空间来提高渠道商推广老产品的积极性，增强产品在市场的铺货力度，实现老产品销售量的提升，进而促使整体市场总销量的提升。这是一项长期的工作，但是在一定程度上是解决老产品销量下滑的一项措施。

(二)通过对新产品的推广来增加市场销售量

新产品意味着新的市场机会，市场机会或者是新的消费人群的加入、或者是老的消费人群在产品选择上多了选择机会、或者是由于终端渠道商和分销商由于产品价格的不透明可以获取更多的利润而促进产品在整体渠道和终端上的良好表现、或者是针对竞品产生强大的市场竞争力等，新产品的推广对于整个区域市场而言也是提升整体市场销量的一个方法，有时通过新产品的推广不但可以激活老市场同时也可以增强区域市场的整体竞争力或者品牌的影响力，从而提升现有产品的销量。

做好重点终端的销售策略

在营销界中有个二八定律，即80%的销售量来自于20%的终端销售网点，在区域市场的销售中这样的情况也存在，即80%销售量的产生往往来源于20%的终端点或者渠道商。因此，作为区域经理必须充分认识和了解这一点，要抓住销量大的终端商或者渠道分销工作做得好的两个群体，在制订销售策略时要充分考虑产品的供货价格、产品的促销及产品的激励政策。

一方面可以通过利益诱导来提升产品的销量；另一方面可以通过加强终端铺货，如配送的频率、服务质量以及相对应的产品生动化陈列来强化产品在终端的表现力来提高产品在这些大客户中的售卖或者推介的概率，从而提升产品的市场销量。

做好货物计划

很多市场销量的下滑问题不是出在产品本身或者渠道与终端上面，更多的原因是产品的货物计划不当造成市场断货致使市场销量下滑，有两个方面的原因：

1. 货物计划的欠缺造成市场断货，从而影响市场销量；

2. 货物新鲜度降低影响消费者购买意向，致使市场出货速度变慢或者终端接货量下降，从而造成市场销量下滑。

因此，作为区域经理制订货物计划时，一定要管理好经销商：

1. 防止由于经销商资金问题出现货物的短缺，造成市场货物供应不足或者断货影响市场销量；

2. 避免由于计划不合理产品日期处于临界期，造成产品在市场的运转速度减缓，减少产品在市场上的总体销售量。

区域负责人小王受公司之命前往A区域负责提升该市场销售的任务，到该地进行市场调查后，小王发现经销商因为图省事13天左右报一次货、15天到货，每月两次。由于产品物流不畅和经销商对货物的新鲜度降低，不仅造成断货致使整个营销工作不连贯，而且产品日期不新又间接地影响消费者的购买意向，为此小王决定从货物计划入手进行货物的管理。

小王改变过去13天左右报一次货的做法，将货物计划改为7天报一次货、10天到货的报货计划，并根据情况缩短报货计划，以保证不断货和货物的新鲜度。经过此举，不仅提高了货物新鲜度，产品畅销了；而且每月的到货时间给业务人员和经销商带来了一定的压力，市场逐步好起来，销售量也逐步提升了。为了进一步巩固效果，根据销售量的逐步提升小王又将报货计划逐步改为3天一报货、5天到货，结果，销量又有所提升了。

做好企业资源的组合

通过对市场资源进行重新分配，将企业总体资源集中使用在一个品类或者几个品种上来实现一个点或者一个方面的突破，利用一个品类或者几个相应品种销量的提升带动整体产品销量的提升，从而实现区域市场整体销量的提升。

对于区域市场销量提升的方法有很多，作为区域经理在整个区域市场销售的提升上也需要注意制订相应的增长计划，避免为后期市场的持续增量带来隐患。

小提示：市场机会无处不在，这需要区域经理去寻找和把握市场机会，这样才能实现提升销量的目的。

案例一

深挖市场找销量

×省以K市为重点下辖3个县级市场，分别距离经销商所在地为150公里、30公里、65公里左右。×省G企业的区域经理李军此次受命前往K市场，进一步深度开发市场，这对李军来说只是平常事。但是，当看到K市场6月份的销售报表上的销售数字只有区区8吨/月时，李军的心凉了，这次公司调自己来可是给了最少20吨/月的销量目标，而现在的销量却和公司的预期目标少了不止一半，这可是一个艰巨的任务。

一、确定市场真实的销量规模

面对这样的情况，李军心里着实没底，他决定亲自到市场上去转一转，看看市场情况到底如何。经过一个星期的市场摸底、终端走访调查，李军根据对市场过去销售数据情况的分析、通过和经销商的交流得到的相关竞品的销售情况、自己对整个市场进行实地走访所了解的实际情况，李军认为整个K市场完成公司的目标还是有希望的。

二、设定目标给自己加压

李军将整个市场的运作以3个月为一个目标考核过程，并给自己的营销团队设定目标，明确3个月的销售量分别为25吨、32吨和50吨，并将这3个月的销售目标用图表对各产品的占比进行了详细分解。虽然，这个目标相对于公司预定的20吨的销量目标而言无疑更难了，但是李军认为只有给自己加压，给营销团队加压，这样才能更好地激起自己和他们的斗志。

三、分析目前市场存在的问题

销量目标一下来，当地市场业务人员面对超过过去3倍多的任务量和月30%～50%以上的增长率，普遍反映任务太高根本无法实现。李军根据自己对整个市场情况的分析，认为这个目标应该能够完成，并分析了前期没能实现销售目标的原因。

1. 没有深挖终端。目前整个市场在零售终端上只是完成了市场的铺货工作，但是由于市场的维护不到位和只对大的终端点上铺货，没能深入到小的终端。

2. 卖场的扩展上没有做到位。对于卖场的维护只是停留在送货结款这个简单的表面工作上，在卖场内导购人员、产品位置、市场推广方面存在着严重不足，所有的工作只停留在表面上而没有深入，也没能充分发挥卖场的功能。

3. 周边渠道受距离的影响，整个市场只是停留在对大的终端和二批商的维护这个基本面上，尚未形成固定的配送周期和频率。因此，没有开发小的终端，这也是周边市场销量难以突破的原因。

4. 产品的品项组合没有发挥作用。尤其是没能将公司给予的促销政策用在刀刃上，发挥其应该有的作用。

5. 产品物流不畅，对货物的新鲜度管理不善，造成断货致使整个营销工作不连贯，而产品日期差又间接地影响了消费者的购买意向。

6. 业务人员的积极性没有充分地发挥出来。由于缺乏激励机制，没有严格的奖惩措施，干多干少都一样，业务人员只是为工作而工作，对市场的深入开发没有主动性，对市场的运作没有想法，对如何提升销量也没有突破性的想法。

7. 没有调动经销商的积极性。由于缺乏对市场开发的前瞻性思考，没有预估未来的市场，经销商看不到希望、不愿意投入资源，同时，对于经销商提出的想法没有采纳造成经销商积极性的下降。

四、深度挖掘寻找销量增长的地方

“士气可鼓不可泄”，尤其是将任务量一下子加大到过去的几倍时，销售人员往往会出现不理解和持有怀疑的态度，作为一个有着丰富市场经验的老业务人员，李军心里非常清楚，这是一种正常的反应。

为了调动业务人员和经销商的积极性，让业务人员和经销商看到希望，自己必须拿出可以让他们信服的思路和意见，为此李军召集当地的业务人员和经销商开了一个市场分析会。在会上李军除了对前期的工作进行了大概的总结外，并没有过多的责怪，而是根据自己前面分析的原因对如何提升销量说出了自己的想法。

李军认为要想提升销量实现 3 个月的销售，必须在“深挖”上做文章，这样才能有大的突破。

（一）深挖市场

1. 在 K 市终端渠道上，在保证基本市场上的铺货工作顺利进行的同时，加强对这些终端的维护频率，同时进一步深入小的终端网点，做到不留市场铺货的死角，这是第一个增量的机会。

2. 在K市卖场渠道上，将工作深入到卖场一线，做好四个方面的工作：一是加强对促销人员的培训，增强促销人员的业务知识和促销技巧；二是做好在卖场渠道的全品项产品的陈列，并把好的陈列位置拿到手；三是利用卖场影响面大、宣传集中的特点在节假日和人流高峰期开展一系列的促销活动；四是挑选出利乐枕和果味八连杯两款产品作为卖场的主打产品，进行有步骤的促销推广，这是第二个增量的机会。

3. 在周边市场渠道上，形成固定的配送频率，在市场铺货上改变过去只送大的终端网点，而放弃小的终端网点的做法，通过逐步加大铺货面积的方式，稳定提升市场产品的销量，这是第三个增量机会。

（二）深挖产品

1. 利乐枕产品。过去利乐枕产品前期公司给予的活动经销商没有全部投放到市场，只是针对终端这个单一渠道进行了投放，而在卖场上进行了截留，没有全部投放到卖场。在后期可利用该产品的促销活动在卖场上进行单点爆量集中投放，就可以产生相对的轰动效应。

2. 调味乳产品。选择一款产品，通过调整产品规格形成相对的价格优势，在卖场开展间断性的促销活动，从这个方面来扩大影响，实现一部分销量增长。

3. 酸奶产品。酸奶产品受物流的限制目前产品市场出现断货的问题，导致市场不稳定难以在市场上形成优势，无法达到量的提升。但是目前在该市场公司产品有着良好的口碑，通过改善酸奶的物流供应，满足酸奶产品的市场需求，不仅会提升酸奶的销量也会在一定程度上解决箱装奶产品的配送服务，间接带动箱装奶产品的销量。

（三）深挖经销商的积极性

1. 配送频率。根据市场提量的计划和寻找机会，经销商认为计划可行，看到了希望，经销商答应按李军的要求在现有两部配送车辆的基础上增加一部配送车辆，用于外县渠道的配送，为此李军还专门对车辆的配送频率进行了分别的规定，以保证外县市场的正常扩展。

2. 报货计划。改变了过去 7 天报一次货、10 天到货的补货计划，改为 3 天一报，并根据情况缩短报货计划，以保证不断货和货物的新鲜度，通过货物的新鲜度来增加销量同时也给业务人员和经销商一定的压力。

（四）深挖业务人员的潜力

为了更好地调动业务人员的积极性，以市场开发的奖励形式，在销量完成目标后的三个月内分别给予业务人员工资总额 20%、30%、40% 的业务补贴作为奖励。

五、严格落实和追踪市场计划

为了保证各项工作的全面开展，李军在对人员管理上又进行了一系列的调整，并要求营销团队的每个成员认真执行。

第一，规定作息时间。李军要求员工每天早 8:00 准时起床，9:00开晨会安排一天的工作，9:30 准时工作，晚 7:00 开总结会分析当天的得失，并身体力行严格予以实施。

第二，分配工作任务。根据每个人的情况将工作任务和目标进行了分解，每个人都有指标并由自己检查。

第三，落实跟踪货物计划。亲自全面跟踪报货计划和运输计划，保证货物正常发出，并根据市场情况及时调整货物计划。

第四，追踪实施进度。在做好销售记录的同时每周和公司营销中心的内勤沟通销售计划的完成情况，并及时通报业务人员，让他们对自己工作的完成情况做到心中有数。

一系列的工作在逐步开展，市场工作计划也在顺利推进，好消息不断地传来。7月份完成了27吨，超出目标约15%，八月份完成了33吨，超出目标约3%，9月份还不到半个月就已经完成了23.4吨。李军心里清楚随着中秋节的来临完成任务已经没有任何问题了，而自己需要考虑的是后期该如何维持这种局面。

小提示：任何一个市场的潜力都是巨大的，而如何去挖掘这些潜力，则需要营销人员深入市场、了解市场，并根据自己产品的情况和可利用的资源进行有效分析，找到制约市场销量提升原因并予以解决，寻找可以利用的突破点并有效运用，同时需要调动各方面的积极性，为所定的目标付诸努力。这样才能激发潜在的市场销量，实现提升市场销量的目的。

案例二

突破市场

F市场距离Y企业总部的重心W市场60公里，整体市场区域下辖三县一市，人口约为30万，目前有两个经销商负责F市场：老彭负责A市场，小王负责B市场的三个县。

整体F市场乳制品的销售量每月在5万件左右，目前公司产品在整个市场的销售量每月不足1500件，其中老彭每月销售400件左右，小王每月销售1100件左右，并且销量已经呈现萎缩和快速下滑的态势，和公司整体销量节节攀升形成强烈的反差，如何提升市场销量成为马凯上任后面临的首要任务。

一、深入一线，在实际工作中寻找问题的根源

经过了两个星期和经销商及业务人员发货的一线市场工作，马凯建立起了终端客户资料和销售网点，A市场的终端铺货率达到了60%，B市场外县的两个市场也形成了有规律的配送周期，市场销

量出现回升。然而效果并不让马凯满意，但是在此期间的一线市场工作却让马凯收获颇丰。

（一）通过观察对整个F市场的情况有了深入的了解和新发现

1. 整体市场上竞品产品规格均为20袋，发货价在16.5～17元，零售价在20元以内，销售不错，整体市场销售规模在40吨左右，且价位被消费者认可和接受。

2. F市场区域作为县级市场消费处于非理性阶段，牛奶市场的消费人群主要集中在农村人口上，而这一部分消费人群又主要集中在送礼这一部分人群上，对产品的品牌关注度不高但是对价格比较敏感，而城市人口虽然有消费但是公司产品由于在F市场的消费认知度低，因而销售不理想。

3. 公司产品规格为一箱24袋，发货价在18.5～19元，零售价格在22元左右。虽然具有绝对的价格优势，但是却没有相对的价格优势，尤其是比竞品多2元左右的价格，农村送礼人群不太认可，同时由于采取24袋产品包装与市场上的主流产品格格不入。很多消费者在购买产品时只考虑一箱多少钱，而对内装多少袋却不是很关注，这也是导致一部分消费群体流失的原因。

4. F市场牛奶的销售受消费者消费习惯的影响，牛奶制品的销售主要集中在纯牛奶产品上，而市场上的花色奶品中只有花生奶制品，由于价格较高销售情况非常不理想，而果味乳饮整体上处于空白市场。

5. 公司前期市场管理上的松散和经销商进入市场较晚，加之配送上不及时和公司产品的能见度较低等诸多原因，导致消费者对产品的认知度较低，间接影响公司产品的销售。

6. 由于整体市场牛奶产品销售量较少，终端店主对产品的利润要求较高，往往是哪个产品的利润高就推荐哪个产品。

（二）寻找制约经销商销量增长的问题根源

1. 公司产品配送由于考虑费用等因素不能按照市场要求的时间

及时送达经销商处，致使市场货物的供应时断时续，不能够及时满足市场需求。

2. 经销商的产品品种较单一，目前只有一款百利包纯牛奶产品进行市场铺货，难以形成市场竞争的格局和产生市场影响力。

3. 经销商对货物计划提报的不及时以及提报计划时间间隔较长。一方面造成市场上人为断货，另一方面造成产品新鲜度下降，影响产品在市场上的正常动销。

4. A、B 两个市场虽然相距 120 公里左右，但是两个市场的牛奶消费场所却不同，A 市场牛奶消费的场所主要集中在大的超市，而 B 市场牛奶的消费主要集中在医院附近的终端商店。但是前期由于经销商对此没有过多的关注、对市场不够了解，加之缺少人员的指导和公司支持，经销商对渠道的建设和维护上没有突出重点，采取平均发力的方式，致使推广目的不明确、推广效果不理想。

二、寻找解决市场问题的办法

通过对市场情况的了解和分析，马凯对提升 F 市场销售工作的思路也越来越清晰。

1. 调整 F 市场销售的产品的规格，以适应市场的需求。

2. 解决市场的主要问题，即物流配送问题和产品线单一的问题。

3. 要在保持 F 市场的整体统一的前提下结合两个市场的特点进行区别对待，把握两个市场的重点，有针对性地突破才能达到整体市场共同提升的目的。

为此，马凯开始按照这一思路在和公司营销总监进行充分地沟通后，营销总监对马凯的思路完全认可并予以支持，要求马凯尽快进行调整。经过仔细斟酌，马凯决定对 F 市场的调整工作从以下几个方面入手。

1. 在产品的调整工作上，选择放弃目前市场上现有的 24 袋规格装的纯牛奶产品，将整个市场的主线产品改为 20 袋规格装的纯牛奶

产品，以此产品作为主线产品，以适应市场的需求。

2. 在产品的物流配送上，针对两个经销商的实际情况，马凯将A市场经销商货物由公司配送形式变为经销商自提货物的形式，配送费用通过增加经销商返利比率的形式予以每月核销；将B经销商的配送形式变为由托运公司配送，公司每月将经销商运费转为货款，通过这样的调整来解决产品配送不及时的问题。

3. 在产品报货计划上，马凯要求经销商设立必要的安全库存来保证货物的正常供应。

4. 在市场产品组合上，马凯选择特级纯牛奶这款产品来作为市场的主打产品。考虑到整个果味乳饮市场尚处空白，而公司果味乳饮产品具有物美价廉的特性，比较适合县级市场的消费水平，马凯选择了在整个公司销售较好的草莓和甜橙两种口味的产品作为辅线产品。

三、制订和实施市场扩展计划

为将这些思路运用到实践中，马凯开始制订F市场的扩展计划。

1. 产品价格的制定

F市场主推的纯牛奶产品价格上一律执行公司的统一出货价，但是考虑到两个市场的实际情况，在前期的实际执行中马凯采取了在前期促销上给予大力度的买赠促销政策来拉低实际价格，待市场开发成功后减小买赠促销力度来提升产品价格的措施，为市场后期的发展预留了相应的利润空间，马凯制订了折合下来低于F市场纯牛奶发货价的诱人策略，来调动经销商和终端的积极性。

在具体实施的过程中马凯针对B市场区域分散在三个县，市场跨度大、竞争相对弱的情况和A市场竞争激烈、易受窜货影响等问题，在实际向终端发货过程马凯要求两个经销商都进行一定的加价来解决上述两个问题。通过对B市场经销商多加价提高利润来解决物流配送成本的问题，而对A经销商要求少加价来进行终端发货，提高产品在市场的竞争力。

2. 产品销售渠道的维护和支持

马凯强调重点市场进行重点突破，对两个市场的工作重心进行了调整，抓住每个市场的主要终端有针对性地工作，在申请时也对重点终端进行相应的政策倾斜。

根据A市场销售场所主要集中在大的超市的实际情况，强调对大的超市进行重点维护和提高配送频率，并要求一系列的活动主要围绕大超市进行，如特价促销或者买赠促销。对于B市场销售场所主要集中在医院附近的特点，要求经销商对医院进行市场重点维护，如开展针对医院渠道的累计销售奖励或者进行实物陈列抢占医院渠道的终端资源。

3. 产品线的延伸和市场扩展

在已确定好的产品组合上，马凯针对主线产品纯牛奶产品，强调经销商在抓住主要市场区域和终端点配送工作的同时，强调进一步开发新的终端渠道和网点，并建立相应的考核和奖罚制度，来保证经销商实施下去；而对于辅线产品马凯则只是建议经销商以获取利润为主要目的，有选择的铺货和对重点市场终端进行维护，不过分强调铺市率和销售量，通过以点带面逐步来实现市场的扩展。

4. 市场管理

根据既定的市场方案和经销商进行充分沟通后，在取得经销商认可的基础上马凯制订了关于铺市率、配送周期、配送服务、网点开发等一系列考核制度和奖惩办法，在经销商签字确认后，分别留存在三方处作为以后的考核依据。

四、强化终端推广巩固效果

由于在制订市场推广计划时充分考虑了两个市场的实际情况，在制订产品促销活动时也充分考虑了经销商的利润空间和退换货等因素，消除了经销商的后顾之忧，并极大地调动了经销商的积极性，加之有市场开发奖惩制度作为保障，经销商也积极地配合，卖力地进行市场工作，市场工作计划得以顺利实施。在当月F市场的整体销量实现了100%的增长，销量由5吨左右增长至不算促销赠品的10吨，市场呈现出勃勃生机。

为了进一步巩固市场取得的成绩，马凯在公司无法给予媒体广告宣传费用的情况下，从终端地面的推广上开展了市场的宣传推广工作。通过之前对市场的了解以及结合自己的工作经验，马凯又选择了从终端和消费者入手的地面宣传推广来调动终端推介的积极性和提高消费者的认知度，整个活动分三步进行。

第一步，牵手终端进行终端宣传推广

根据F市场终端点，马凯针对终端开展了以空箱陈列和累计销售奖励为主要手段的终端推广活动，选择在A市场做50家空箱陈列和30家累计销售奖励终端点，在B市场做了30家空箱陈列和60家累计销售奖励终端点，为使活动能够起到效果制定了相应的标准。

1. 针对开展空箱陈列的终端网点要求

(1) 选择位置好、处于城市主干道的终端点作为陈列协议单位，不考虑销售量，以宣传为主。

(2) 为最大限度宣传产品，要求经销商采取纯牛奶5袋为一组，果味草莓酸奶3袋甜橙酸奶2袋为一组共同捆绑的方式为一个标准的陈列模式进行空箱陈列活动，在宣传纯奶产品的同时带动果味产品的宣传。

(3) 要求参与陈列的协议单位以3个月为限，每月奖励一件果味奶，凡是陈列箱丢失或破损的陈列协议单位不享受每月予以奖励的果味酸奶。

(4) 为了保证活动顺利执行，要求经销商和参与协议的终端点签署陈列协议来保证活动的执行。

2. 针对开展终端累计销售奖励的终端点

在空箱陈列活动的基础上，进行了相应的调整，主要强调凡是参与销售奖励的终端点每月的销售量需达到50件，同时要给予最好的陈列位和全品相进货，终端点的选择要求经销商以自身区域的重点销售终端为主来进行。

第二步，开展社区促销

在解决了终端问题后，得到消费者的认可是保证产品进入终端后形成动销的关键，马凯根据市场情况选择了社区赠饮、买赠的形式开展社区推广，根据两个市场发展的实际情况对买赠活动进行了调整。

A市场果味酸奶市场销售基础较好，因此在产品促销活动形式上采取先赠饮果味奶、买纯奶时赠送纯奶的方式开展活动，而B市场果味酸奶市场销售基础较差，消费者对果味乳饮认知度差接受度不高，因此在促销政策上采取先赠饮纯奶而买纯奶赠送果味奶的方式开展活动，来拉动两个产品在市场的销售。

同时，在社区促销活动中通过互动游戏和现场提问来宣传企业情况，讲解产品知识与消费者进行面对面的沟通，提高消费者对公司产品的认知度。

第三步，进入大超市开展卖赠促销

为了进一步扩大产品的宣传面，马凯在小区促销空档的时间里在大超市也开展了一系列的买赠活动，通过对主线纯奶产品和果味乳饮进行不同类的产品捆绑买赠和赠送礼品的形式进行促销，使消费者在购买公司产品时获得实惠，从而激发消费者的购买欲望。

三个活动环环相扣，各有侧重点，通过空箱陈列和累计销售奖励活动的开展，当消费者走在F市场的街道上远远就能见到公司的产品空箱，在吸引消费者眼球的同时让消费者记住了公司的产品。而在终端店内，消费者在购买牛奶产品时公司产品往往成为首推对象，此举不仅调动了终端店主的积极性，也使公司产品的形象在消费者心目中大幅度提升，同时间接带动了果味奶的销售。

过去不愿卖公司产品的终端点也开始陆续进货，而通过社区的促销实现了与消费者一对一、点对点的沟通，让更多的消费者对公司和公司产品有了新的认识，得到了消费者的认可。大超市的买赠活动的跟进则调动了消费者的购买力，部分消费者开始转向消费公司产品，地面推广活动起到了出人意料的好效果，推动了整体市场销售的持续提升。

五、战果

通过近四个月的努力，F 市场的整体销量连续出现超过 50% 以上幅度的增长，市场销量达到了近 20 吨，产品铺市率达到 90% 以上，排面占比和动销状态都远远领先于市场上的竞争对手，在这四个月的时间里公司产品成为 F 市场乳制品品牌中最热门的品牌，同时通过对 F 市场的运作马凯不仅盘活了公司的非主线产品，也使公司的果味乳饮在 F 市场形成了良好的动销，月销售量达到每月 1500 件，引爆了整个 F 市场的果味乳饮市场。

小提示：1. 营销如水无定势，每个市场都有其特性，面对不同市场的不同特性，营销思路和操作方法也要做出相应调整，以适应市场的发展，这样才能在激烈的市场竞争中站稳脚跟。

2. 市场的扩展要求市场一线人员不仅要学会低头拉车同时要学会抬头看路，要学会在公司整体营销战略体系下制订区域发展战略，找准市场的脉搏制订适合市场发展的策略。

3. 作为一线市场人员要善于发现市场中存在的问题并积极应对、灵活解决，同时要具备善于抓住事物主要矛盾的眼光并找到解决它的办法。

4. 市场扩展工作不是一个一蹴而就的工作，市场扩展需要坚持和一段时间的积累，同时也需要对市场扩展进行控制和逐步地深入。

第7节　如何掌控好市场费用

没有控制好市场费用，市场费用不足是很多区域经理都会面对的问题，问题的根源在于市场费用在使用过程中存在着很多的不合理现象。

M公司的L区域经理马明一边挂电话，一边气恼地说："费用、费用，就知道要费用，就知道诉苦……"话音未落，电话铃声又响了，这次是业务员赵刚打来的："马经理，本月我们这里按照区域的要求，把销售政策一一落实下去了，经予销售商的进货政策、奖励政策，我们也一一传达至每一位经销商处，不过，离区域要求的出货量还有一些差距。主要原因是这样的，对手抢在了我们前面，以同样的政策把货给了经销商……我们做了不少工作，可是经销商要求，如果多进货，就必须再给一些比对手优厚的促销政策……可是，按照预算做计划，本月的市场费用已全部用完……A市场是我们区域的重点市场，怎么办？能不能再给我们一些额外的费用支持……"

放下电话，马明的脑子乱哄哄的，为了做好今年的销售工作，马明对区域各市场的市场费用总是尽量地满足，但是，面对的情况总是"马经理市场情况非常严峻，如果不加大投入，就会……"，马明很烦也很着急，因为马明自己目前也是捉襟见肘，由于没有控制好市场费用，截至目前L区域花费的市场费用已经远远超出了预算，自己被公司点名批评了，再向公司申请肯定通不过，不申请费用要是因此影响了市场发展，销量完不成那损失就更大了……

市场费用是企业为了开拓市场、推广产品上市、扩大销售范围、提高销售量而额外提供给市场运做的专项资金，一般包括广告宣传费用、进店费、堆头费、条码费、促销费（包括促销员工资、促销员提成、采买赠品、促销活动费）等。

正常情况下，费用的投放与销售额成一定的比例，销售量越大，所产生的市场费用也就越多。马明面临的问题实际上是一个共性问题，很多区域经理也都遇到过这样的问题，而造成市场费用不足的原因在于市场费用的使用过程中很多方面都不合理，主要体现在以下几个方面：

1. 没有周密合理的费用规划；
2. 实际操作中，费用使用很盲目；
3. 费效比、费销比掌控不好；
4. 促销活动过频，持续时间过长；
5. 媒体投放没有形成有效组合，造成广告费用的浪费；
6. 费用申报、使用流程不合理。

那么，作为区域经理应该怎么做才能掌控好区域市场的费用，避免类似的问题产生呢？

使用市场费用时需要避免的三个误区

（一）误区一：贪大求全

这种心理的普遍想法是广种薄收，认为市场费用只要进行投放就一定会有不错的效果，认为通过市场费用的大面积投放就可以实现销量的整体提升，达到东边不亮西边亮的目的。

在市场费用的投放上没有侧重点和方向，采取撒胡椒面的方式进行市场投入，结果使投入的费用被市场稀释，效果被分散，投入的费用不能对市场进行渗透，只停留在表面上，无法有效地带动整体市场，反而导致有限的资源被浪费。

（二）误区二：盲目投放

在市场费用的投放上比较迷茫，在没有弄清楚问题根源的情况下，盲目使用市场费用，主要表现在以下两个方面。

1. 盲目跟随。竞品投放广告自己就跟着开始投放广告，竞品开展促销活动就跟进开展促销活动，完全不去考虑企业是否有必要投放广告，是否有必要开展促销活动。

2. 盲目投放。当销量下滑时完全不考虑销量下滑的原因，将市场费用当做济世良药，认为投放费用后就会有效果，最终造成市场费用的浪费。

（三）误区三：平均分配一刀切

对市场的投入采取简单的一刀切平均分配的方式（只按照销售量计提市场费用），不去考虑市场发展的不平衡因素和各个市场不同的特点，在市场的投入上采取一刀切的办法，平均分配市场费用，造成成熟的市场投入过多，不成熟的市场宣传和促销费用不够的局面，使有较大增长空间的市场因资源不足、增长动力不足而没有较大的增长空间，市场资源被浪费。

使用市场费用时需要做的工作

（一）做好费用规划

费用规划要做好四个方面的基础工作：

1. 要分析清楚自己的产品在区域市场上的发展状态，所处的地位；

2. 要根据销售计划和销售政策，确定自己的市场费用；

3. 确定自己费用的使用方向，在一定阶段要达到什么目的；

4. 详细了解当地消费者的认知特点，以及当地各种媒体包括传播特点、传播范围、传播力度、影响人群、基本价格等情况。

以企业的产品上市为例。根据产品周期理论，由于产品处于不同的阶段，市场运做的重点、重心不同，费用支出也就不相同。

在新产品上市之初，费用使用的目的是要达到：（1）告诉潜在的消费者新的和他们不知道的产品；（2）引导他们试用该产品；（3）使产品通过零售网点分销。

费用重点就在广告媒体宣传、提高产品认知度、产品铺市、进店等方面，其中广告媒体宣传方面也尽量选择电视、路牌、小型灯箱等覆盖面相对较大、价格较低、见面率较高的方式，形象促销和体验促销相结合的促销方式。

成长期阶段是产品被市场迅速接受和利润大量增加的时期。在这个阶段销量迅速增长，早期消费者喜欢该产品，中间多数消费者开始追随领导者。在需求迅速增长的同时，产品价格维持不变或略有下降。公司维持同等的促销费用或把水平稍微提高，以应付竞争和继续培育市场。销量的快速上升使促销费用与销售额的比率不断下降。

费用的重点在于如何塑造产品形象、提高消费者的忠诚度、加强口碑宣传，最终实现高市场占有率。费用一般会用在大型户外广告、形象店招、形象促销、终端维护等方面。

成熟期是产品已被大多数的潜在购买者所接受而造成销售成长减慢的时期，价格趋于理性、营销费用保持稳定、销售量稳定、利润稳定，这个阶段市场费用的使用重点放在需求创新上，寻找新的营销基点以吸引其他的目标顾客群体。加强与消费者沟通、加强客户服务、加强口碑宣传、终端维护重心转移到形象店的维护上，开展实惠促销、创新促销活动，广告媒体以大型电视媒体、大型户外广告、软文炒作、公益公关为主。

（二）建立市场费用的审批程序

为帮助业务人员正确使用市场费用，区域经理应在区域内建立一套完整的市场费用使用审核流程。对各项费用预算的目的、用途、使用的原则、申请和报销政策、注意事项和相应的单据表格制订相应的规范的流程，在流程中说明各项费用具体在申请和报销时的审核步骤、参考标准和标准处理时间等。说明费用报销时报销发票应开具的抬头、发票日期、内容项目要求、金额限制条件、申报促销宣传费用必须要有详尽的市场分析和可操作的市场方案等。

（三）教会业务员算账

帮助区域各级人员建立起理性开销的观念，花钱时首先要考虑该不该花、值不值得花，考虑投入产出比，让业务人员知道申请每一笔费用投入都要计算投入产出比以及评估回报周期，对于评估数据误差较大或执行不到位导致费用严重超标者给予经济处罚，业务人员必须重视费用问题，让业务员绷紧费用弦。

（四）定期对市场费用做审计和评估

首先，区域经理应定期对市场费用进行审计和评估主要指对具体费用申请和报销做真实性、合法性的评判，必要时需派专门的市场巡查人员来监督费用具体使用的效果和呈报的真实性。

其次，区域经理要在每一次活动或计划执行完成后，对市场费用使用的效果做回顾和分析，总结各类费用的投入产出关系。

通过分析产品的投入产出比，可以了解哪些产品贡献了销量和利润但费用投入并不高；通过分析渠道和客户，了解哪些渠道和客户投入少回报高等。这也为市场费用的使用提供了有力的监控机制，避免只顾投入而没有监督的投放行为。

小提示：掌控市场费用要避免盲目投放、贪大求全、平均分配的三大误区；做好对市场费用使用的合理规划，建立审批的流程和费用使用的审计与评估，这样才能使市场费用的使用有目的性、方向性和可控性；教会业务员算账，帮助区域各级人员建立起理性开销的观念，才能使市场费用的使用有效果并得到节制。

第8节　如何做好旺季市场工作

未雨绸缪方能决胜千里，这是企业发展的法则也是销售的永恒的定律。

区域经理陈晨是×饮料企业的一名区域经理，负责M区域的市场管理工作，有着丰富的市场运作经验，M区域在他的带领下市场工作做得有模有样，一直是×饮料企业的样板市场，尤其令人佩服的是每到市场旺季到来时，区域经理陈晨总能很好地把握市场机会，通过细心地准备和对市场的正确把握，M区域从一个让人看不起的小市场，逐步成长为×饮料企业的一个样板市场。

对此，区域经理陈晨认为，区域市场利用市场旺季的销售机会不仅可以在旺季快速提升产品销量，同时还可以在市场上快速建立企业产品的知名度。把握好旺季市场的销售机会对于后期市场的继续深入和扩展可以起到事半功倍的作用，既节省了市场费用又奠定了后期的市场基础。那么，区域经理陈晨在市场旺季到来时主要做了哪些工作呢？

把握市场动向

在平时的市场工作中对整个行业的发展趋势进行了研究。了解自己所在行业的发展变化趋势和行业的各种信息，从中找出行业发展的规律。

分析销售旺季本区域市场的销售情况和整体的市场环境。通过对前期的市场销售情况和问题的了解，预测本区域市场的销售走势，在旺季到来前做好预估，制定备货计划和准备好资金。

定期走访市场。尤其是在旺季到来时通过市场走访进行市场调研，可以从经销商、零售商处了解市场销售的变化情况，来验证自己的想法和对市场前景的预估是否正确，根据区域市场的发展情况对货物的品种、数量和品类进行分配和调整。

做好产品的准备工作

产品是什么？对于身处市场一线的业务人员来讲产品是枪、是炮、是弹药、是市场人员冲锋陷阵的武器。对业务人员来说，冲锋陷阵最害怕的是枪炮打不响、弹药不够，纵有一身本事也难以发挥，只能扼腕长叹。销售旺季意味着市场的“井喷”，相关企业都会兴奋

不已，如果此时认识不足、准备不足，旺季来临时销售工作会变得异常地手忙脚乱。

因此，此阶段市场人员的主要工作就是根据市场的发展动态做好货物的准备计划并了解经销商的资金情况，进行战略性的库存储备就显得格外重要了。产品的货源充足，销售就有了保障，这样在旺季到来时就不会被动应对。

小李是某啤酒企业的一个区域负责人，负责A市的市场管理工作，每年4月之前小李都会对整个市场的销量和整体市场环境进行分析，为销售旺季的到来做准备。2008年3月底，小李根据市场表现和通过对行业资料的分析敏锐觉察到，由于原料的紧缺和价格上涨，势必导致2008年5月前后企业产品货源紧张，而且价格很可能上调。于是，小李提前一个多月的时间就和经销商协商储备资金并分阶段地备货。

结果不出小李所料，在2008年5月市场旺季到来时，由于产品原料价格上涨，公司产品整体价格上涨，由于在市场前期做了预测，小李所负责的市场提前备足了货，在旺季到来时市场并没有因为断货和价格调整而受到过多的影响，整个市场保持了较好的态势，同时给竞争对手带来了很大的压力。

提前做好人员安排

旺季的到来意味着更加激烈的竞争，应对这场竞争，人是必不可少的主要因素，因此企业要在旺季到来前做好人员的安排工作。

（一）人才的储备

企业要做好在各个市场上人员的准备或者说是销售队伍的建设

工作，一支团结、上进、有战斗力的销售团队是企业在旺季市场取得成功的保障。

（二）人员的培训工作

要对销售人员进行销售技能、产品知识等相关专业知识的系统培训。所谓“磨刀不误砍柴工”，人员素质决定了产品在市场上的竞争力，系统的培训、掌握必要的销售技能，可以提高业务人员在市场上与终端、卖场打交道的能力，使产品在市场上可以长驱直入，这是在市场旺季提升销量的一个必要条件。

让经销商做好资金准备

经销商的资金是有限的，要想在旺季提升销量，一方面需要经销商全力以赴地深入市场工作，另一方面需要经销商储备足够的资金做好旺季的备货工作。这就需要经销商将全部的资金投入到自己企业的产品上来，这样经销商在市场工作中才不会“这山望着那山高”。

因此，作为区域负责人在市场旺季到来前需要考虑采取什么措施更多地吸纳经销商的资金，投入到自己企业的产品上来；要在淡季时未雨绸缪让经销商做好资金准备，只有抢占先机才能获得胜利。

研究竞争对手

竞争无处不在，市场销量的提升一方面来源于市场整体规模的扩大，另一方面来源于争夺有限的市场份额。扩大市场的整体规模来提升旺季销量无疑是一个不错的选择，但更多情况下却是要从竞

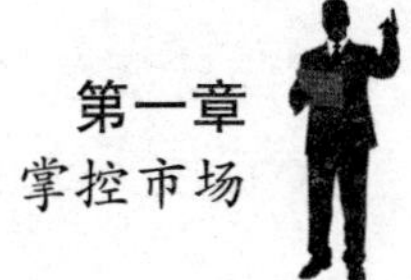

争对手的手中分取一杯羹，同时，即使在整体市场规模扩大的情况下，对于整个市场来讲，对手销量的提升和市场占有率的提升往往意味着自身企业销量和市场份额的下滑。

逆水行舟，不进则退。市场竞争寄希望于前者或者希望对手失误来实现自身企业销量的提升，无疑是痴人说梦，也不现实。因此，在旺季到来时企业在研究市场的动向的时候，更需要关注竞争对手，研究对手的产品更新状态、市场策略、产品结构和产品线、促销政策、产品价格等相关信息。只有把对手研究透了，企业的市场运作才能有的放矢，市场目标才能够清晰，提升旺季市场销量才能达到事半功倍的效果。

抢占终端资源

终端渠道资源是有限的，大型超市、连锁、零售商店等在销售渠道中占据越来越重要的位置，企业对这些超市和终端也前所未有的重视了起来，到了销售旺季各个企业更是蜂拥而上，销售人员追着、求着超市的采购人员给促销、要位置。

因此，在销售旺季到来时能否提前一步和超级零售终端进行谈判，能否尽快抢占有限的终端资源如优势陈列位置、大的货物排面和货款支付计划，决定了企业投入资源的回报率和有效性，直接影响着旺季的营销结果。能否抓住旺季的销售机会，可能决定了公司一年的销量。

区域经理老王从事乳品销售行业已经有几个年头了，春节前一个月老王就安排业务人员和经销商针对大的终端和超市做好了春节期间的促销计划，并且提前15天与终端展开谈判。由于正处于快速消费品的“真空”时段，终端的负责人也知道春节期间乳制品的销售较好，因此对老王提出的要求都能够予以满足，并且还给予了现款进货的优惠条件，于是老王将货物在终端占据了大多数的有利位置。

由于终端给予老王所负责的产品现款进货的条件，在春节到来时当其他厂家再到终端进货时总是被终端以各种理由拒绝，原因是老王的货提前占据了有限的终端，其他的货再进入对终端而言就会有巨大的销售压力。

制订旺季的宣传策略

市场需要引导。对市场的引导一方面可以增加企业和产品在市场的影响力，另一方面可以引导消费意识从而提升销量。

如何投入资源、采取什么样的宣传方式、使用什么样的促销政策是企业整个宣传策略的组成部分。

针对旺季企业在制订宣传策略时，一方面需要对现阶段的旺季销量实现最大限度的提升，同时需要对后期市场进行铺垫，为未来奠定市场基础，因此旺季的市场宣传策略要适应旺季的市场发展；另一方面能够未雨绸缪，对后期的市场起到好的影响，主要是制订适合旺季促销的方案，抢占市场、挤占竞品渠道。

通过整合营销资源、分配促销费用、统计参加促销活动的商超、制订促销政策和区域市场单店的销售目标等一些列活动方案来挖掘市场的潜力。

制订有效的激励政策

战争能否获胜取决于多方面的因素，“士气”是不可或缺的条

件。在这里我们所说的“士气”：一是终端老板的积极性，二是经销商的积极性，三是销售人员的积极性。在旺季到来时，企业通过制订激励政策来调动销售人员的“士气”，不仅可以调动市场人员的积极性，发挥他们的主观能动性，同时可以起到化腐朽为神奇的作用。

有些企业在淡季、旺季采取同样的激励政策，或者因为旺季而削减激励政策，这样做的结果往往是使经销商“端起碗吃肉，放下碗骂娘”，业务人员工作缺乏激情和动力，企业费力不讨好。只有让终端老板、经销商有利可图才能促使他们购买企业更多的产品，更好地配送货物；只有让销售人员有目标并获得利益才能激励销售人员更好地开展渠道维护和市场开发等工作。只有这样才能使三者的力量形成合力，从而发挥更大的作用、激活终端、激活市场。

小提示：市场旺季到来时，需要未雨绸缪掌握市场动向、做好产品准备、做好人员的安排、研究竞争对手、抢占终端资源、制定旺季的宣传策略、制定有效的激励政策。这样才能让竞争对手望而生畏，让经销商赚得盆满钵满。

第9节　如何做好市场调研工作

市场调研对于销售工作来说非常重要，它是了解区域市场的敲门砖，是做好区域市场的基础，准确的市场调研活动不仅为快速熟悉市场提供了条件，也为做出符合市场需求的策略提供了有力的支持，同时也可以为公司节省资源，减少销售工作的阻力。

李志刚是天海公司刚上任的A区域经理，在饮料行业摸爬滚打已经3年有余，经验十分丰富，成功操作过不少区域市场，很受领导重视。这次因为A市场的问题十分严重，为了再次开发A市场，公司领导再三考虑后决定把李志刚从其他区域调到A区域市场，希望借助李志刚丰富的市场经验使A区域市场起死回生。

李志刚一方面对领导的信任感到高兴，另一方面A区域的市场情况让他有很大的压力。因为李志刚知道，早在自己之前已经有3位区域经理面对这块"烫手山芋"失败而归，这是一个不折不扣的夹生市场，地头蛇在该市场颇有实力，占据着天时地利人和的优势，而公司在该市场品牌知名度低、美誉度差、市场份额低、市场基础薄弱、人员流失率高，对于如何运作A区域市场，李志刚心里没底。

但是，面对公司领导的安排，李志刚还是选择了欣然受命。李志刚到达A区域市场后，为了尽快熟悉市场，马上组织了A区域所有的业务代表进行了市场调研。一是为了了解竞品的市场和投入情况，二是为制订市场的再次开发方案提供强有力的依据。

为此，李志刚将A区域20名业务员分为5组，每一组分别负责12条街道及6个县市，主要调研竞品的投入与本品牌在本区域市场的市场占有份额，包括终端名称、联系人、联系电话、竞品信息、投入方式、本品牌占有率、终端类型等，分配完任务后5组人员按要求到位，开始了连续3天的市场摸底工作。

然而3天之后，李志刚面对区域市场摸底的结果感到十分窝火，经对比李志刚发现，终端数量少于以前存档数量、漏店情况严重、竞品投入信息不完整、终端信息有造假现象……市场调研走形式，且浪费了大量的人力、物力和时间。

李志刚这次的市场调研失败了，主要是因为李志刚作为区域市场的最高指挥者没有认识到区域市场调研的重要性。在市场调研活动中，没有对此项活动进行有效地指导、监督、检查工作，导致调研结果不

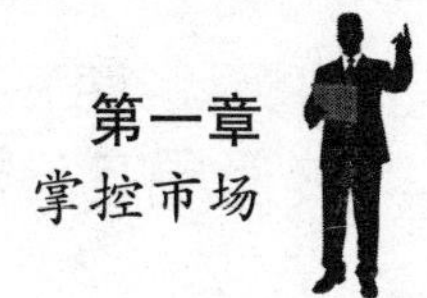

理想。那么，作为区域经理，如何有效地进行区域市场调研呢？

明确调研目的

区域市场调研的目的主要有以下两个方面。

第一，摸底。了解竞品的投入情况、投入大小、区域投入的时间段等。

第二，为做决策提供依据。通过一系列的调研活动，明白竞品投入情况之后以便制订出正确的计划。调研是手段，而落实到位才是至关重要的。

李志刚此次调研没有做到以下两个方面。

第一，调研之前，没有针对此次调研做一个详细的计划，没有对人员配备及任务分配等做出规划，这是最基本的要求。很多区域经理没有重视这些类似的市场调研，致使上行下效、浪费精力。

第二，调研之前没有统一部署、统一思想。对于区域市场而言，做市场调研的目的就是为了能更好地做市场，只要做出正确的决策，做市场也就事半功倍了，要不断地向业务人员或者参加市场调研人员灌输这样的思想。只有思想统一、认识清楚，这样才能使他们以主动认真的态度去完成目标。

确定调研的时间

在制订出相应的市场调研计划后，区域市场需要对市场调研规定一个有效的时间，这个时间可以是强制性的，因为这样可以使调研者能更有效地工作。而李志刚在此次调研活动中，对所有的调研人员没有计划好时间，市场调研人员缺乏时间观念，是导致效果不理想的重要原因。要解决这个问题，必须在以下两个方面做出要求。

（一）个人完成的时间

要把任务分配到各个小组成员身上，在规定的时间内完成规定的任务，力求调研规范化、量化，这样不仅能够引起调研人员的重视，促使他们认真完成目标，也能规范市调人员的工作流程并提高工作效率。

（二）团队完成的时间

把所分配任务的人员编制成几个小组，并规定在某一时间段完成目标的时间。其中，对任务量、调研对象、资料的完整程度、资料的真实度做出严格要求，力求在团队领导下完成目标，在团队的监督下，个别想偷懒的人也会努力工作。

进行调研分工

调研分工主要是指在调研活动中，各组调研人员的分工区域范围，主要分为两个方面：一是调研工作的目标分工，即根据调研所要达到的效果而有效分解目标；二是对调研工具的分工。常用的调研工具有：电话回访、调研表格、问卷等。分工不明确可能会导致以下情况的发生。

工作效率低，出现相互扯皮的现象。如果对某项工作要求不严格，没有明确到人，众多调研者就会相互推脱责任，导致调研无法按预期完成。

人心不满，工作效率低。调研分工不“公平”是常见的现象，而由此会导致调研人员不满，产生不良情绪，使调研工作效率降低、

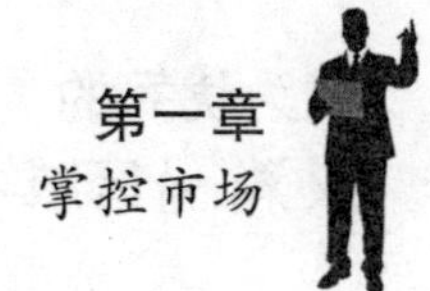

可信度降低。

做好调研过程中的监督和检查工作

作为此次调研活动的统一组织、协调及指挥者，区域经理对此次调研活动的结果负全部责任，一定要对此次调研活动引起高度重视，力求在调研活动中对各个小组进行监督和检查。对在检查的过程中所遇到的问题及时与队员沟通，避免互相推诿情况的发生，区域经理可采用对前一天的调研资料采取抽样检查的形式对零售终端重新走访，对信息不完整者、造假者在第二天的例会上给予批评。

小提示：有效地进行区域市场调研要做好以下工作：要明确调研目的、确定调研时间、进行调研分工、做好调研过程中的监督和检查工作。

第 10 节　如何规划渠道和产品

明确产品在市场上应承担的角色，根据市场需求、产品特性、渠道特点、经销商状况对产品进行有效组合，才能充分发挥渠道和产品组合应有的作用。

渠道规划

作为区域经理应该如何规划渠道和产品呢？李经理认为在渠道

规划方面应该从以下几方面入手。

（一）了解渠道的构成形式

营销渠道由以下群体组成：企业（制造商）、中间商、终端商、消费者。由于企业的选择方式不同、市场的操作模式不同，渠道一般被分为四种表现形式，优缺点各不相同。如表 1－1 所示。

表 1－1 渠道的表现形式

渠道级数	构成形式	优点	缺点
零级渠道	制造商—消费者	交易快捷、迅速	交易成本大、难以扩散
一级渠道	制造商—终端商—消费者	中间环节少、市场控制力强	交易成本大、数量有限
二级渠道	制造商—批发商—终端商—消费者	交易成本小、市场控制力强、渠道扁平	人员力量要求高、渠道延伸困难
三级渠道	制造商—批发商—中间商—终端商—消费者	交易成本小、渠道完善	市场控制力弱、渠道线长、周转环节多

一般的工业消费品多采用零级渠道和一级渠道模式，如果制造商直接设立分销机构如办事处或者通过业务代表实现销售，渠道结构一般不超过两级，对于一般的快速消费品，如饮料、食品等多采用两级和三级渠道模式。

（二）明确渠道规划的原则

1. 经济性原则。每一种渠道方案都将产生不同水平的销售成本，在进行渠道规划时区域经理需要对拟选择的不同渠道的费效比进行评估，找到最经济的渠道规划方案。

2. 控制性原则。即对渠道的控制能力。一般用自己的销售队伍虽然能够最大限度地控制渠道，但成本非常高；使用批发商则意味着会产生更多的控制问题，因此区域经理在对渠道进行选择规划时需要考虑对渠道成员的控制能力，只有有效地控制渠道，才能保证市场按照预定的目标来发展。

3. 适应性原则。渠道成员之间的合作在一个特定的时期内往往会有一定的承诺，但是由于市场的变动会影响厂商的应变能力和合作基础，因此在迅速变化的市场上，制造商需要能控制渠道结构的政策，以适应不断变化的营销战略。

4. 匹配性原则。产品不同对于渠道的要求也不尽相同，企业情况不同对渠道的要求也会不同。区域经理在进行渠道规划时要充分考虑制造商的实际情况寻找相匹配的渠道来运作市场。

对易腐烂和保质期短的商品要求产品与消费者接触的中间环节尽可能少些，采取零级渠道或者一级渠道就相对合适，可以避免因时间拖延和重复搬运造成的损失。对于保质期长或者不易腐烂的产品如饮料等产品，由于对时间的要求不是很严格，则可以采取二级或者三级渠道，这需要区域经理在进行渠道规划时考虑好实际情况。

（三）渠道规划需要考虑的因素

1. 市场环境因素。每个市场所处的地理环境不同，消费者所接受的产品信息也有所不同，产品在市场上的销售量也不同。同时由于每个市场受当地经济发展水平、人口数量、购买力等客观因素的限制，这些实际情况是决定在二三级渠道选择独家还是多家经销商的因素之一。

一般而言，区域市场潜力大，适合多家分销以利于广泛覆盖做深做透；市场潜力不大、销售有限的市场采取独家分销较为合适，以求在单点上取得突破形成自己的强势地位。

2. 区域市场特性。每个市场都有与生俱来的特殊性，尤其表现在地域特色上的消费习惯、消费行为和氛围，只有对所选择的目标市场消费者购买什么商品、在什么地方购买、为何购买、何时购买、如何购买等情况了解透彻，才能在渠道的规划中找出合适的渠道。

3. 产品的特性。不同的产品对市场渠道的要求也不同，这主要是由于产品的消费人群、售卖场所、售卖价格、售卖方式、价格需求弹性不同所致。

即使同一品类的产品由于企业不同的定位对市场渠道的选择也不尽相同，有些产品虽然属于大众消费产品，但是由于在整个企业的产品定位中定位为高端，这样的产品在进行渠道规划时，就需要依据企业对产品的定位选择不同的渠道。

定位高端的产品，企业往往会选择零级渠道或一级渠道，目的在于树立品牌、掌控市场和获取市场利润；而对大众化的消费产品，企业往往会选择二三级渠道，目的是通过批发商的网络实现最大限度的市场覆盖，可以选择独家或者多家分销的形式。

4. 市场地位。企业产品在市场的地位有时往往是企业渠道选择的一个关键点，如果企业产品是市场的新来者，就比较适合选择独家经销商，原因是作为市场的新来者，商家通过独家分销权控制价格以求利润。如果企业产品是市场的领导品牌，则宜选择多家经销商，虽然经销商会对厂家发展多个经销商而使价格透明有颇多怨言，但每天的出货量足以带动其他产品的销量。

5. 竞争对手的情况。每个市场都不是一个品牌产品孤立存在的市场，会有不同的品牌在相互竞争，竞争对手在区域市场的地位和表现也各不相同。一般来讲，在竞争对手表现比较强势的市场，采取独家分销的形式相对较好，原因在于通过独家销售可以提升批发商的获利空间，激励经销商下更多的工夫进行市场推广来抵御竞品。

6. 经销商的情况。经销商的资金实力、配送能力、销售网络、售后服务以及管理水平的好坏也是区域经理对区域市场进行渠道规划时需要考虑的一个因素。对于各方面能力较强的经销商采取二级渠道相对合适，而对于资金实力薄弱、配送能力有限、销售网络不健全以及其他条件不是很到位的经销商采取三级渠道是一个不错的选择。

7. 企业情况和企业营销目标。企业自身的实际情况和企业营销目标不同，渠道规划也不相同。一般对于各方面条件较好的企业销售要求高，选择多家分销比较适合企业；而对于实力有限的企业，独家分销可能更适合企业的发展。

产品规划

在产品规划方面李经理则强调从以下几个方面入手。

（一）需要做的基础工作

1. 进行市场调查，了解市场需求

每个市场由于消费特性、生活习惯、经济水平、地域特色等市场特点不同，消费者对产品的偏好也有所不同。不是企业生产的产品都一定要在这个市场上成为畅销产品或者主打产品，有些产品在A市场可能是畅销产品，但是在B市场可能会销售不畅。

因此，企业的产品在进行产品规划时，作为区域经理需要深入调查了解所负责区域市场的市场特点，了解当地消费者的偏好，了解市场竞品的销售情况、价位情况和市场反映，了解市场需求旺盛的产品所具备的特点。根据市场调查得出的结论，结合企业的产品情况，选择企业在这个市场上应该销售的产品，并对产品按主次进行分类。

2. 充分认识产品，了解产品的特性

从产品口味、包装、功能、内容物等方面来说，产品本身都具备独一无二的特色，都有着不同的消费人群，这个人群可能很大也可能很小，这就决定了这个产品的市场地位。

作为区域经理需要通过充分认识产品，找出产品本身的特点和优势，并利用产品的特点和优势来对竞品进行有针对性的反击，从而使自己的产品保持鲜明的个性，让消费者有愿意购买的理由。充分了解和认识产品，还有助于区域经理根据产品的特点来对产品进行有效定位，防止由于对产品的认识不足导致对产品市场定位的错误。

3. 分析渠道，找出渠道的特点

渠道是产品流通的一个路线，产品的特性、消费场所、价位、包装、定位不同，需要选择的流通路线即渠道也会有所不同，区域经理只有分析渠道，了解每个渠道的优劣势，才能为企业的产品在组合时找到相匹配的资源，才能使产品的组合产生 1 +1 >2 的效果。

4. 了解经销商，找出优势

经销商承担着货物的分流与配送，但是每个经销商由于发展道路、经销产品的品类、思想理念、人员结构、在市场的网络构成不同，都会有不足和优势的地方。

因此，在对产品进行组合的时候，区域经理就需要根据每个经销商的优势来对产品进行组合，对于在卖场占优势的经销商在产品的组合上就需要增加适合卖场销售的产品作为主线产品，而在终端渠道上占有优势的经销商，在产品组合上选择适合终端渠道的产品作为主打产品，当然对于有实力的经销商产品组合可以放宽一些，而实力有限的经销商在组合产品时选择的产品应窄一些。

（二）明确产品规划的原则

1. 利润互相分配的原则

区域经理进行产品组合时，需要考虑将企业利润大、销量少的产品与利润小、销量大的产品组合在一起，同时兼顾经销商的需求量与利润，这样才能调动经销商的积极性，保证市场的良性发展。

2. 渠道共享的原则

不同的产品渠道也有所不同，产品的组合必须考虑将渠道一致的产品优先组合，只有这样才能保证整个市场发力相对集中，经销商的配送和服务才能跟得上。

3. 主辅配合的原则

每个产品的适应人群不同，市场销量多少也不同，作为区域经理在进行产品组合时，需要根据产品在市场承担的不同角色，做到主线与辅线相匹配，才能使产品在销售的过程中通过主打产品带动辅助产品，促进辅线产品销售。

4. 配送经济的原则

配送经济是相对于目前经销商配送不经济而言的，指的是组合的产品产生的利润，必须保证经销商的经济效益，这样才能保证组合的产品共同发展。

只有做好以上工作，区域经理在市场操作过程中，才能明确每个产品在市场上应承担的角色，从而根据市场需求、产品特性、渠道特点、经销商的状况对产品进行有效组合，充分发挥渠道和产品组合应有的作用，这样区域经理在市场操作中才能得心应手，取得好的结果。

小提示：渠道体系完善，不仅可以减少厂家与消费者的交易次数，降低企业的交易成本，同时也可以提升销量、加快产品的推广速度。

产品是市场营销的核心和灵魂，通过对产品线进行梳理和规划，在市场运作的过程中对产品进行有效组合，不仅可以提升市场销量和企业的盈利能力，同时也可以提高产品在市场上的竞争力，抵御竞品继而提升企业或者产品的品牌形象。

第 11 节　如何管理经销商

选择经销商时，经销商的人品很重要。人品不好，能力再强、实力再大也不要考虑。

“哎，人管人，难死人。现在的经销商真难管呀！”“这个经销商真是不听话！”“这个经销商真是毛病多，我这样说，他却要那样做。”面对越来越多的同事说销商难管理的问题，区域经理马健却不这样认为。作为 A 区域的一名销售经理，马经理在经销商的管理上很有一套，整个区域的经销商都很服他。

“马总是一个很有业务能力的销售经理。”“马经理总是能在我们遇到困难时给予我们帮助和指导。”　“小马真不错，我很服他！”……业务员也非常认可马经理在经销商管理上的能力。“马经理管理经销商很有一套，经销商都愿意和他相处，听取他的意见。”“马经理和经销商相处总是很融洽，经销商在私底下和他是朋友，在工作上和他是上下级，非常认可他。”“马经理处事客观、公正，经销商很服他。”……

马健负责的区域每个月的销量在公司里总是排在前列，很多同事向他请教如何管理经销商。马健说：“经销商管理说难也不难，只要方式方法对了，也就不难了。”

那么，马健是如何管理自己区域的经销商的呢？

马健认为管理经销商，就是既要管又要理。

所谓管就是：一是要看市场大局，这样才会给经销商提供指导；二是要做好榜样敢担当，让经销商服你；三是要学会激励而不是指责、批评，这样经销商才会有动力；四是要和经销商打成一片，了解经销商的所思所想，工作才有针对性。

所谓理就是梳理经销商的思路、目标、工作程序以及给经销商制定管理制度。

签订协议明确双方的权利和义务

在和经销商合作之前，马健对业务人员的要求是选择经销商的人品，如果双方有意向合作，马经理会要求经销商在了解协议后第一时间签订公司的合作协议，对于有些经销商认为协议可有可无嫌麻烦不想签时，马健总是站在公正的立场上说明签订协议和不签订协议的利弊，促使经销商按照要求签订协议，以便后期双方合作时能够严格遵守协议。

以“利”服人帮助经销商赚钱

和很多区域经理不同的是，因为对公司的产品所赚取的毛利、重点推广的产品、高毛利产品心中有数，马健每月虽然会把销售任务分解给经销商和业务员，但是在实际工作中则要求业务人员在不违背公司利益的前提下帮助经销商去赚钱。

1. 货发到经销商仓库时，要求业务人员指导帮助经销商消化库存，不能不管滞销货、不管库存、不管退换货，只管要回款的“一管三不管”的业务人员。

2. 根据公司的产品结构，要求业务员指导经销商对品类进行分类，帮助经销商制订一系列的推广策略。如高毛利产品如何推广，畅销品如何带货，针对不同品类产品，不同价位产品制定不同的渠道政策。

为经销商做好服务和指导

在实际工作中，马健强调给经销商做好服务和指导。到下面的市场进行走访时，马健总是先独自走访市场以掌握市场的第一手资料和市场情况，然后，再就市场问题和经销商进行沟通，由于了解市场情况，马健在指出经销商问题和市场问题时总能一针见血，同时制订的方案也符合实际让经销商心服口服；对经销商提出的合理的意见和建议，他总是尽量地予以解决，能现场解决的就现场解决，暂时不能决定的也会在一定时期内给经销商一个合理的解释或者答复。

只要时间允许，马健总是会要求经销商和自己一起带车发货，一方面可以在发货的过程中加深对市场的了解，另一方面可以在发货途中和经销商进行深度沟通，了解经销商对自己和企业的看法并听取好的建议，以便在以后的工作中加以改进。

以身作则带领经销商一起干

在强调给经销商做好指导和服务时，马健要求驻经销商处的业务人员在日常管理工作中和经销商一起干、手把手地教；具体到自己马健也以身作则，以实际行动践行自己的要求，每次碰到市场销售难题或者企业需要开展大的活动时，在做好方案的情况下，只要时间允许马健会选择到个别经销商处蹲点，冲在市场的第一线，一方面教会经销商及员工如何干，以自身行动做表率，另一方面可以了解方案执行的情况，如有问题进行相应地调整。

协助经销商做好内部管理

内部管理一直都是经销商的软肋，在和经销商相处的过程中，马健在干好本职工作的前提下，在工作之余根据自己的所学、经验和经历过的事情给予经销商专业的智力支持，提高经销商在库存管理、人员管理、渠道管理、账务管理等内部管理水平，帮经销商规划生意，扶持经销商做大，因此马健不仅赢得了经销商的尊重，还提升了自己的业绩，可谓是一举两得。

真诚待人客观对待经销商

真诚对待经销商是马健和经销商相处的一个原则，对于每一位经销商马健不论是大经销商还是小经销商都能以诚相待、真心相交，在工作中无论是批评还是表扬，或者贯彻执行公司政策，都本着客观、真诚的态度和经销商沟通，因此经销商很信赖他，生活上的烦心事和生意上的想法都会和他沟通，听取他的意见，把他当做自己的参谋和朋友。马健总是会告诉他们自己的看法和建议。

小提示：管理经销商，就是既要管又要理。所谓管就是：一是要会看市场大局，这样才会给经销商提供指导；二是要做好榜样敢担当，让经销商服你；三是要学会激励而不是指责、批评，这样经销商才会有动力；四是要和经销商打成一片，了解经销商的所思所想，工作才有针对性。所谓理就是梳理经销商的思路、目标、工作程序以及给经销商制定管理制度。

第 12 节　如何对待未完成销量的经销商

“成功有成功的理由，失败有失败的原因。”任何问题的出现，只有找到问题的症结，才会有解决办法。

业务员小王负责的经销商老赵已经连续三个月没有完成销售任务了，不仅拖了整个 L 区域的销售后腿，也使业务员小王的季度奖金泡了汤。小王非常郁闷，准备向区域经理李经理打报告取消经销商老赵的经销商资格，对于业务员小王有这样的想法，李经理表示非常理解，毕竟销售任务完成的好坏和小王的收益息息相关，但是，小王这样做后销售任务就一定能圆满完成吗？

李经理对此持怀疑态度，问题如果简单到靠取消经销商老赵的经销商资格就能解决销售问题，那么，市场也就不难做了。况且这样做了之后，对于小王来说还会遇到两个问题，一是整个市场需要重新来过，对销售的影响很大；二是小王需要再次冒险，新选的经销商好与坏各占 50% 的概率，谁也无法保证换了新的经销商，销售任务就一定可以完成，双方的合作就一定非常顺利。

李经理在和小王沟通后，指点小王对经销商老赵的问题从以下几个方面入手试试看。

作比较

对经销商历年的销售情况的数据进行纵向和横向的对比，通过

纵向对比了解经销商过去到现在的市场销量走势是处于上升阶段还是逐渐萎缩；通过横向对比了解经销商每年各个时期与同期的销售数据的变化情况，找到经销商未完成市场销量的问题出现的原因。

看市场

每个地域的文化、消费水平、生活习性和消费环境不同，因而市场的表现情况也就不同。看经销商的市场，就是对区域市场再认识的过程，在看市场的过程中了解市场的特征、规模、机会、消费者特性、消费习惯、市场结构、网点数量、渠道构成等情况。

通过终端的走访了解经销商的客情、配送服务质量、产品铺货率、产品陈列等多方面的实际情况并发现不足，还可以与经销商市场所在地的终端的沟通中了解竞品的一系列情况和终端经销商对公司产品等各方面的意见。

查库存

检查经销商的库存，我们的目的是了解经销商的库存量和库存的产品结构，从而与看市场的基础上形成的结论进行对照检查，找出产品在市场上各品相的动销状况，为进行产品组合找到可行的办法。

聊思路

“思路决定出路。”有些经销商市场销量未完成的原因不仅仅是市场客观因素决定的，有时问题可能出在经销商的思路上，思路错了再好的努力结果也是白费。有的经销商思想上存在短视行为，不愿意在市场上投入或对公司的促销支持进行“吃、拿、卡”而不去用于市场培育，造成无法完成市场销量。有时经销商则是市场运作思路出现方向性的偏差，导致市场运作方式不对，不能切合市场而造成市场销售不利等。

与经销商聊思路的目的就是了解经销商的真正意图和所思所想，了解经销商后期工作思路和方向，这样才能发现问题并及时予以纠正，同时灌输正确的思路，使经销商按照企业的要求操作市场，而对于那些冥顽不灵的经销商则考虑赶紧趁早寻出路。

找原因

成功、失败的原因各有不同，对经销商的市场、库存和经销商思路进行了解，最终目的的落脚点是找到问题产生的原因，只有找到问题的原因才能针对问题本身进行更好的处理，针对经销商需要寻找的是对市场销量产生负面影响和制约市场发展的主要原因。

给方法

正确把握市场存在的问题的根源，这就要求针对经销商的情况、市场情况、问题产生原因，找到合适的方法来解决问题，同时，解决问题的方法应该是简单易行的而不是复杂繁琐的，应该是以激励为主而不是以惩罚为主的方法。

定制度

制度是为了保证一切行动能够有章可循的规则，是为了让经销

商的行为能够按照设定的框架实施的一种管理手段。只有制定制度才能约束经销商的行为，才能为后期市场出现的问题找到依据。

抓落实

在后期的管理上，在方法和制度得到落实的前提下，加强监督促进经销商落实到位是保证计划得以实施的关键，只有加强对经销商的考核和监督，才能使经销商的工作方式不变形、不走样，有好的过程才会有好的结果。

最后，对经销商的激励可以采取完成销量奖励的方式，也可以采取其他的方法，如何能让经销商不重复过去的“错误”才是解决问题的关键。

小提示：针对经销商的情况、市场情况、问题产生的原因，找到合适的方法来解决问题，解决问题的方法应该是简单易行的而不是复杂繁琐的，应该是以激励为主而不是以惩罚为主的方法。

制度是为了保证一切行动能够有章可循的规则，是为了让经销商的行为能够按照设定的框架实施的一种管理手段。

在方法和制度得到落实的前提下，加强监督促进经销商落实到位是保证计划得以实施的关键。

第 13 节　建立分销商需要把握哪些原则

分销商无利可图，分销网络就会失去建立的基础。

A企业是一家规模不大的饮料企业，几年前凭借对市场机会的把握产品迅速占领了几个省的市场，但是随着全国新品牌的快速崛起，A企业销售处于停滞状态，销售额一直在2亿左右徘徊，为了扩大销售规模，A企业为此提出了市场精耕细作的营销思路。具体要求各省级市场将渠道重心下移，在原有经销商的基础上新增县级市的分销商，将产品的销售网络渠道延伸至县市级市场，以求实现通路精耕细作的目的。

小王作为A企业Q市场的区域经理，面对公司的这一决策，自然是积极响应的，因为小王知道这样做可以把市场做深做透，将销售触角延伸到Q市场的每一个角落，可以提升销售量、扩大品牌的影响力。但是，在如何设置和建立分销商这个问题上小王却没有任何思路和办法，究竟该如何去做才能达到企业的要求，符合Q市场的实际呢?

何时建设分销网络、如何设置分销商是分销网络建设的关键。建立太早，由于产品销售不畅、品牌影响力不够，产品堵塞在渠道的各环节导致分销网络的崩溃；建立太晚，由于追随者的进入、竞品的跟进、产品价格降低使分销商无利可图，分销网络失去建立的基础。同时分销商设置的不合理不仅影响原有经销商的积极性，也会带来市场窜货和管理方面的问题，因此，建立分销商需要把握以下6个原则。

原则一：结合产品的特点

在设立分销商时需要从产品的特点入手考虑产品的量、产品的利润空间、产品的消费特性、产品的保质期、产品的销售渠道、产

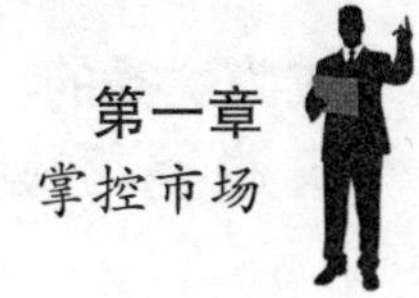

品的市场竞争力来确定如何设置分销商。

需要明确一点，不是任何产品都具备设立分销商的条件。对于快速消费品中的极速消费品如牛奶中的低温奶、火腿肠中的低温肠等产品由于保质期在二十几个小时到三四十天之间，消费者购买时间又集中在一两个小时到十几天左右，对于此类产品由于特殊性无法或者很难设置分销商。

分销商成为分销网络成员的前提条件是有利可图，否则就无从谈起。分销商获利的基础，要么是量大、利润率低但可保持获利，要么是量小、利润率高可满足获利要求，而这和产品特点息息相关。对于量大、竞争度高但价格透明和一些市场狭小、特殊需要但量又非常有限以及购买频次非常长的产品，由于利润空间有限却占用资金但获利较少的产品，不存在设置分销商的基础条件。

原则二：考虑企业的品牌影响力

一般而言，品牌影响力越大的产品价格越透明，利润空间越小，越不利于设立分销商，反之亦然。

原则三：企业的市场目标

企业的市场目标是想把市场做深做透、将销售触角延伸到每一个角落，还是只注重大的省级市场或市级市场，对于前者需要设立分销渠道来完成对市场的精细划分和有效覆盖，而对于后者设立分销商的必要性就相对小些。

原则四：企业现阶段的销售网络情况和销售管理能力

主要指区域经销商设置的密与疏，一定程度上影响着分销商的设置基础。如果区域本身经销商设置就较密，经销商之间都为了争取客户而相互低价竞争，就没必要设置分销商；反之则有必要。

同时区域市场在销售管理上的能力也决定企业设置分销商的可行性，如果区域市场的管理能力强、人员能深入到分销渠道环节则设置分销商就有必要，反之如果对分销商的管理乏力，对市场上货物流向的控制无法追踪和管理，无法有效控制市场窜货，分销商的设置弊大于利则无此需要。

原则五：经销商现状、企业要求和市场未来发展趋势

主要考虑区域经销商对区域网络的配送能力和市场覆盖情况是否和企业的实际需要相吻合，以及市场的覆盖率和销售目标是否与企业目标一致。同时要结合对市场、产品的规划与组合去考虑未来发展的方向有无设置分销商的必要性。

原则六：区域市场或企业的发展阶段

（一）发展初期

由于产品单一，市场空白点较多，产品价格不透明，加之处于市场开发期，促销力度投放较大，企业处于粗放式经营状态，产品的操作空间利润较大，此阶段较为适合发展分销商。在此阶段由于

知名度低、影响力较小，发展分销商需要给分销商较大的区域市场。

（二）快速成长期

此时公司具备了一定的品牌知名度和影响力，产品线在延伸，产品品种丰富，利润空间相对稳定，市场规模具备一定的量，企业处于由粗放经营转向精细化经营的转折点，此时是设立分销商的最佳时机，在此阶段分销商的设置区域将转向合理化，需要根据分销商的配送、资金等具体情况进行区域范围大小的划分，同时对分销商的管理将逐步由放任自流状态转向规范化的管理。

（三）成熟期

随着竞争者的加入，市场竞争高度白热化，同类产品品种繁多、产品价格透明、产品利润空间缩小，此时处于如何防止分销商流失、如何利用新产品上市、区域管理、促销手段的实施来保证分销商利润，维护分销商积极性的阶段。

在以上原则基础上设置分销商时，区域经理还要考虑一个可持续发展的通路设计方案，使分销渠道的网络建设布局合理化，这样才能缩短通路，提高渠道的利润和产品的竞争力，又能加强区域市场的销售管理能力，否则将为今后的发展留下隐患。

> 小提示：市场精耕细作、渠道重心下移，是市场发展的规律和趋势。建立分销网路将销售网络渠道延伸至最基层的市场，使产品最广泛地深入市场是企业的终极目标，但是设置分销商建分销网络需要考虑时机、企业产品特点、品牌力、实力、企业营销目标和营销管理能力等因素。

第 14 节　如何调动分销商的积极性

分销商由于长期游离于厂商之外，处于无人管无人问的境地，对厂家无忠诚度也无归属感，谁的利润大我就推谁的产品，利润下滑积极性就降低，分销商是名副其实的“名牌杀手”。

区域经理马凯终于见识了被称为“名牌杀手”的分销商的厉害了。随着企业产品的知名度越来越高，产品的市场竞争越来越激烈，产品价格越来越低。原来根据企业渠道下沉、通路精耕细作的营销思路而设立的分销商，在经过短暂的“蜜月期”后，如今已是处于快“离婚”的状态了。

由于分销商的利润不断下滑，分销商的积极性越来越低，原来每个月可以销售 3 万的分销商如今连 1 万的货物都销售不了了，更有甚者，个别分销商甚至连续几个月都不进货了，而自己的竞争对手的产品却越发强劲，大有要压倒自己的势头。

为此，区域经理马凯也专门走访了几个分销商了解情况，结果却是同样的说法：“你们的产品虽然好，但是利润太低，卖别人一件货抵你们的三件货”，“马经理，不是我们不卖你们的货，你们的货物利润太低了，我们发你们的货简直是白辛苦”，“唉，你们的货如果不是商店老板点名要，我真不愿意销售，不赚钱呀”。面对这些说法区域经理马凯知道这是实情，那么马凯应该怎么做呢?

分销商大批量接货、零星配送批发，赚取有限的差价作为自己的利润，这是他们的谋生之道。谁的利润大我就推谁的产品，对于

别的产品能卖就卖，卖多卖少无所谓，赚钱就行，这是他们的经营思路。对于他们而言利润空间一旦缩小，积极性就会相应下降，这是普遍现象也是马凯目前所面临的问题的症结所在，要想有效地解决这个问题可以采取以下方式。

结盟分销商

结盟分销商主要有两种形式。

（一）协议联盟的形式

将分销商纳入厂商管理体系，增强分销商的忠诚度，以此来调动分销商的积极性。

我国知名企业“娃哈哈”就是以二联体形式，通过经销商与分销商的价差分配、返利分配的协议，将分销商纳入自己的管理体系，政策透明、促销一致、促销品下放，不但使分销商有了归属感，同时也调动了分销商的积极性，从而成就了“娃哈哈”今日的辉煌。

（二）市场营销人员工作深入分销渠道

通过对营销人员工作分工的调整，使营销人员在对经销商管理的同时，深入分销渠道，协助分销商进行渠道宣传、渠道疏通、货物分流和终端的维护与管理，虽然产品的利润空间缩小了，但是因为提升了销售量，同样可以调动分销商的积极性。

建立分销商区域保护制度

通过对分销商渠道区域的严格划分，形成独立封闭的营销区域，并根据市场情况和分销商的不同要求，在促销一致的原则下，进行价差与促销的微调，让分销商独立运作市场，同时得到利益，这也是调动经销商积极性的一种方法。

建立分销商升级制度

通过设置不同级别的分销商，建立分销商不同级别的升级制度。根据分销商的表现，逐步提升经销商的级别和奖励标准，目的在于给分销商一个愿景规划，从而调动他们的积极性。根据市场情况以销售额、铺货率、新品上市率、销售增长率、品项达成率（指产品的系列品种在市场上齐全程度的指标）、货款回收等指标为基础，设立分销商的升级制度与考核办法，从而享受不同待遇或返利标准。如表1－2所示。

表1－2　分销商升级制度

级别	销售额（元）	铺货率	新品上市率	销售增长率	品项达成率	奖励制度
一级分销商	35万	90%	95%	30%	90%	/
二级分销商	30万	85%	90%	10%	80%	/
三级分销商	20万	77%	80%	10%	70%	/
四级分销商	15万	70%	70%	5%	60%	/

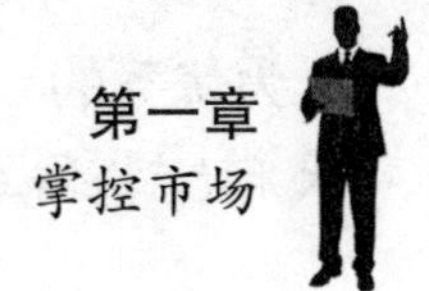

建立分销商培训制度

“授人以鱼，不如授人以渔。”建立针对分销商的培训制度，通过提供给分销商正规系统的培训机会，增强分销商的归属感和自豪感，帮助分销商和企业一起成长，从而调动分销商的积极性。

配送费用审核补贴办法

通过配送费用补贴的方式，补充分销商的利润，一方面保证分销商配送的积极性，另一方面保证分销商利润合理化，同时也加强了对分销商的管理。

小提示：将分销商纳入自己的管理体系，政策透明、促销一致、促销品下放，不但使分销商有了归属感，同时也调动了分销商的积极性。

第 15 节　市场运作如何谋定而后动

小王、小李、小张同是 M 公司的销售人员，三个人一直是很要好的朋友，在生活上三人互相照顾，工作上三人互相帮助。虽然白天大家都各自忙着开发客户、走访终端、做产品陈列等工作，但是晚上三个好朋友则一起商讨市场方案、交流工作心得、互相学习。因为工作努力，三人的业绩不分上下，但和 M 公司很多其他的销售人员相比他们的业绩一直名列前茅。

随着M公司的逐步发展，因为销售业绩比较突出，小王、小李、小张三人同时被分别任命为A、B、C三个区域的区域经理，三位好朋友即将分开走向各自新的岗位上，对于公司的提拔他们都感觉机会来之不易。在分别的酒席上，三人都各自畅想着自己的未来，决心在各自的岗位上做出一番成绩，一来回报公司的信任，二来决心在市场上好好比拼一下。

小王是一个实干家，在A市场上任后，小王就非常注重执行力的实现，小王坚信付出必然会有收获，严格按照总部的规定来工作，一味埋头苦干，对市场的情况不管不问。然而最终的结果却让小王很失望，自己虽然勤勤恳恳、任劳任怨，吃了不少苦、费了不少劲，各个环节执行得都不错，但市场效果却总是不尽人意。

小李是一个头脑灵活的人，善于分析问题，在B市场上任后，小李根据自己的所长，认为只要思路正确一定会有好的结果，因此小李非常注重研究市场，市场运作方案也做得有板有眼，但在如何运作市场、如何有效行动上却不知所措，结果是纸上谈兵无法执行到位。

小张认为做市场一定要先苦干再巧干，这样才能出成绩，因此小张一到C市场就不管不问市场情况，而是先带领下属先埋头苦干，等发现情况不对时，小张才知道去看市场调整方向和思路，结果不仅劳神费力耽误时间不说，还错过了市场机会。

小王、小李、小张的做法是很多走向区域经理岗位的销售人员常犯的错误，原因是在完成由工作人员向管理人员转变的过程中，对工作性质和角色转变领悟不到位，还保留着业务员时期的工作习惯。那么，作为区域经理应该如何运作市场呢？M公司的营销总监胡总认为，作为一名区域经理一定要避免小王、小李、小张的错误做法。

在运作区域市场时，应该学会“先抬头看市场，再低头拉车”，即谋定而后动，区域经理应该从以下两个方面入手。

先谋划市场

“凡事预则立，不预则废。”行动前未雨稠缪才能确保不出差错或少出差错，做市场同样如此，谋划是做市场的开启点和关键点，谋划的目的在于以小搏大、以少胜多，起到事办功倍的效果，要达到目的，需要对市场进行一系列的谋划。

（一）谋划市场

对于区域经理来讲，谋划市场主要从以下四个方面入手。

1. 找出市场存在的问题和原因

任何一个市场都存在好与不好的地方，只有通过找出好的地方加以发扬，找出不好的地方加以改进和避免，才能使市场问题得到根本解决。比如针对销售不利的问题，区域经理就可以从以下几个方面进行分析。

（1）企业原因：品种不合适、价格不合适、口味不好、促销不到位、包装不好、宣传不够等。

（2）经销商原因：投入精力不够、资金问题、铺货问题、业务员问题、责任心问题、配送问题等。

（3）终端原因：推荐力不足、认可度不高、空间利润低等。

（4）消费者原因：认知度不高、消费能力低等。

2. 寻找市场机会

市场从来不缺少机会，而是缺少发现机会的眼睛，发现市场存在的机会就需要营销人员深入市场观察和思考。可以从消费者那里寻找机会，从终端店主那里寻找机会，从竞争者那里寻找机会，当然也可以从公司现有产品中寻找满足市场需求的机会，如规格、品种、包装等。

3. 找出市场特点

每个市场都有各自的特性，即便是在同一县、市下的两个不同地方，可能有很多相似的地方，但静下心来看的时候，我们总能找到独特的地方。不要认为市场都是一样的，要考虑市场特点：竞争集中度如何、品牌概念如何、消费特性趋势如何等，只有把握了市场特点，才能真正了解一个市场，找出应对市场的方法。

4. 寻找竞争对手

市场的繁荣取决于竞争者对市场的培育，即便竞争是激烈的，通过对市场上竞争者的分析找出与自己相匹配的、具有抗衡力的竞争对手，目的在于学习对手的长处，规避自己存在的问题，从而扬长避短，发挥自己的优势。

（二）谋划产品

1. 谋划产品基于对市场系统认知的基础上，找出市场需要的产品。如市场对某规格产品较认可，对某品项产品需求量大，就针对市场投放对路的产品。

2. 找到产品的卖点和概念。避开同质化竞争，挖掘自身产品与竞品的不同点和销售利益点，另辟蹊径。

3. 找到产品销售的地点和消费群。通过对企业自身产品线的了解，对产品进行组合，形成在市场运作中相互配合的产品，如形象产品、利润产品、竞争产品、走量产品，从而提高在整体区域市场上的竞争力。

（三）谋划市场发展方向

根据市场的特性和对市场的发展策略和方向进行整体规划，并在整体规划的前提下制订相应措施来保证市场按预定方向发展，同时，通过谋划市场发展方向，保证市场能够长远发展。

后运作市场

谋略的实现需要行动来完成，只谋不动只是光开花不结果，谋定而后动才会收获胜利的果实，因此要保证区域市场运作的成功，区域经理需要从以下三方面入手。

（一）切实而动

一流的方案加上二流的执行力，只能达到二流的结果；而二流的方案加上一流的执行力，却能达到一流的结果，这就是执行力的魅力。如果好的方案缺乏好的执行力或者无法执行，充其量只是纸上谈兵。因此，好的谋略和市场策划必须切实而动同时执行到位才能发挥作用达到预定的效果。

X企业是一家专业从事饮料产品生产与销售的企业，其产品A牌红枣汁因口感纯正、质量稳定有着较好的知名度和美誉度。2008年3月A产品在进入M市场时，由于消费者对该品牌的比较陌生，市场销售一直没有好的突破，该公司区域营销负责人李斌在充分了解和分析市场后，认为A产品不论在价格上还是在口感、质量上和同类产品相比都有优势，一定能被消费者认可。

为了尽快地实现市场突破，区域经理李斌决定通过开展社区促销打开市场。为此区域经理李斌制订了一份促销方案，该促销方案很简单就是开展免费品尝和买赠促销，很多业务人员认为这太简单了，对促销的效果抱着怀疑的态度，对此区域经理李斌没有做过多的解释，只是要求每个业务人员严格按照要求执行活动方案。

一个月很快过去了，市场没有很大的反应，业务人员开始抱怨，区域经理李斌依然要求业务人员继续坚持……第三个月来临时凭借产品的良好口感和产品质量优势，A 产品逐渐取得了消费者的认可，市场销量开始出现增长，销售进入了良性发展阶段。A 产品进入该市场并最终取得了成功。

（二）灵活而动

所谓“兵来将挡，水来土掩”，讲得就是在任何情况下，要不拘泥于形式和过去的经验灵活行动。做市场同样如此要随机应变、灵活调整，摆脱固有框架和过去的营销模式的束缚，并随着市场的变化，及时灵活地改变市场运作的方式和方法，如促销政策、推广方案、运营模式乃至宣传方向等，如果一味地用过去的方式和经验来运作不同的市场，结果只能满盘皆输。

小李是一家乳品企业的业务经理，主要负责 A 区域几个市场的产品销售，公司的产品包括婴幼儿奶粉、中老年奶粉等 8 个品种，由于受全国品牌奶粉产品的打压，小李所负责的区域的几个市场销量一直徘徊不前。

小李在了解了市场后发现，由于全国品牌奶粉在促销方式上一直采取买赠的方式，虽然价格比自己公司的产品高，但是由于赠品的投放力度大，往往会让消费者觉得比买自己公司的产品实惠。

在这种情况下，面对公司有限的投入，小李决定另辟蹊径，经

过思考小李决定将公司所有产品的促销政策和赠品集中使用，根据市场的实际情况小李选择了A区域的一个市场为突破口，把资金和赠品集中在一个产品上，结果在短时间内取得了很好的效果，在接下来的市场扩展中，小李连续采取同样的方法最终使整个市场的扩展取得了很大的成功。

（三）适时而动

俗话说，“水到渠成。”做市场也同样如此。时机不到任何行动都是枉然，只有把握市场时机，根据市场的发展阶段和时期采取有针对性的行动，才会有事半功倍的效果。

K市场作为新疆第二大城市，拥有近百万人口，这些消费者消费理性、收入水平较高，乳品消费潜力巨大，仅箱装奶每月的销售量也在15万件左右。但是由于该市场原有的两大乳品企业R和T品牌占据天时地利人和的优势，产品品牌影响力较大，消费者认知度也较高，外来乳品品牌很少能站稳脚跟，即使是在全省有巨大影响力的M品牌牛奶，也始终不能在K市场赢得先机。

G乳业的区域经理小王负责K市场的开发，作为新疆乳业的前三甲企业，G乳业过去曾经连续三次进军该市场但都遭遇了“滑铁卢”。2005年春节即将到来之时，区域经理小王认为春节是乳品市场销售的旺季，此时进入K市场机会较好。在和公司领导沟通后，小王带领销售团队果断地进入该市场，凭借春节期间牛奶市场井喷式增长的有利时机，在短短的一个月时间内不仅收获颇丰，同时也成功占领了该市场，目前G乳业依然占据着前三甲的位置。

小提示："凡事预则立，不预则废。"做市场也同样如此，谋划是做市场的关键点。谋划的目的在于以小搏大、以少胜多，起到事办功倍的效果；只动不谋是闭着眼睛走路、误打误撞，只谋不动只是光开花不结果，谋定而后动需要根据实际情况切实而动、灵活而动、适时而动，这样才能成功。

第二章

内部管理

第16节　如何打造销售团队

销量稳定不是目的，每个人都能保持最佳状态才是打造销售团队的最终目的。

小刘是一位刚上任不久的区域经理，本来升职是件很高兴的事，可他却怎么也高兴不起来。原来，小刘是一位非常优秀的销售人员，和他业绩不相上下的还有小张和小赵。三人是很要好的朋友，白天共同开发客户，晚上一起研讨方案。这个“铁三角”，成了该区域市场最大的支撑。可前不久，原区域经理因为工作原因调走了，区域经理职位空缺。公司就把小刘、小张、小赵列为候选对象。经过一个月的业绩比拼和员工投票，小刘胜出了，成为新一任的区域经理。

良好的人际关系，又有小张和小赵这样的业绩顶梁柱，新上任的小刘对未来信心满满。谁知还不到一个星期，小张就提出了辞职，而且不顾小刘的挽留，毅然决然地走了。留下来的小赵也常倚仗着和小刘的关系，对其他销售人员吆来喝去，引起销售人员的极度不满。

可以想象，小刘上任的第一个月，销售业绩惨不忍睹，小刘为此痛苦万分。不过，在销售总监的指导下，不到两个月，小刘就解决了问题，他再次变得信心满满了。他是如何做的呢？

精挑细选，发现核心成员

在得到销售总监的真传后，小刘首先找小赵谈心，设身处地地为他分析形势，并真诚表示，他很希望能和小赵并肩打江山，希望他多多帮忙，共同维护销售团队的稳定。在搞定小赵后，小刘根据平时的观察，发现小李和小杜都是人才，由于加入公司时间短，一直没有受到重视。小刘立即扮演了伯乐的角色，对他俩又是提拔、又是鼓励，不久便成了自己的心腹。这样，小赵、小李、小杜便成为了小刘最稳定的三角支柱，销售部的气势和凝聚力一天天地提升了。

传帮带，打造销售队伍

小刘让小赵、小李、小杜每个人和新人组成一个销售小组，共同去开发客户。这样，不仅提高了工作效率，而且新人在团队核心成员的带领下，能够很快地成长。小赵、小李、小杜也因为带新人在工作上很有成就感，干劲就更足了。最关键的是，既稳定了销量，又塑造了一批销售业绩优异的得力助手和销售队伍。

有效激励，增强员工的工作动力

小刘重新制订了区域的最低业绩标准，并在办事处各部门用彩色铜板纸做出业绩表格，把所有人的名字都写在上面，每天由专人更新，激发大家的斗志。他还要求在每天早会上宣布前一天有销售业绩的人员名单，所有人都要用掌声和微笑向其祝贺。连续一个月表现优秀的销售人员，在办事处门口为其制作个人 POP 进行展示，

并给予精神上的鼓励。那些肯干又有销售潜质的人，在小刘“精神支票”的引导下，他们的潜能全被挖掘了出来。

加强沟通，稳定销售队伍

销售人员容易跳槽，也容易被挖墙脚，这是小刘一直都担心的问题。他可不想刚刚组建的队伍垮掉，尤其是那些好的销售苗子。于是经常和下属沟通便成了小刘的重点工作，员工自身有问题，就解决员工的问题；对于员工在工作方面的问题，小刘总是积极地给予意见和指导。不仅如此小刘从不摆领导架子，他认为，人们工作一是为了钱，二是为了自我实现，三是需要一个良好的工作环境和人际关系。在无法给予下属很好的薪酬和福利待遇的情况下，小刘将营造一个良好的工作环境和人际关系作为自己工作的另一个重点，每当员工之间有矛盾了，他总是主动出面用饭局来解决和调停，有时候大家看他那紧张劲儿，都不好意思有摩擦了，队伍也就更稳定了。

优胜劣汰，培养优秀人才

当然，小刘也不是什么人都挽留，对于那些不适合销售行业又不肯努力工作的人，他可不惋惜，坚决通过优胜劣汰的考核制度淘汰一批人。而对于那些优秀的销售人员，他则是暗自观察他们在业绩和维护团队统一、和谐上的表现，然后给他们进行打分（百分制），用以确定培养和发展方向上的重点，并在后期的工作中给予相应的发展机会，提高他们的能力。

小提示：发现核心成员是团队建设的第一步，也是最重要的一步，保持团队的稳定性、调动每个人的积极性是销售团队成功与否的标志，也是区域市场能否走向成功的基础。

第 17 节　如何管理下属

一流的策划 + 三流的执行力 = 三流的策划，三流的策划 + 一流的执行力 = 一流的策划，一个区域的成功在于整个团队的执行力，只有令行禁止、步调一致，市场工作才能顺利开展。

王军作为云洋食品有限公司 A 区域市场的一名区域经理，在市场工作上很有一套，他负责的市场在整个公司的销售中不论是在任务达成率、市场表现力还是新产品推广方面都名列前茅。更令人叫绝的是王军带领的业务团队不仅人员队伍稳定，而且团队的每个成员在执行力上更是能够做到令行禁止、步调一致。在公司举办的两次市场竞赛中都是第一，很受领导的喜爱，今年的年终评估王军所带领的团队，在公司的各项评比中又名列前茅，再次获得云洋公司“2012 年度优秀团队”的光荣称号。

为了让公司其他区域市场学习 A 区域市场的先进经验，在开完年终总结会后，公司总部又专门安排了一个小型的交流会，让王军和大家交流一下先进经验。王军认为做好市场必须先管理好自己的团队，使下属对工作的安排能够高度服从并执行到位。

定规矩

没有规矩不成方圆，企业需要一系列的规章制度来约束员工的行为以达到发展的目的，一个营销团队同样也需要规章制度对营销人员进行管理以达到团队的目标。区域经理要想把下属管理好，在工作中就必须定规矩，建立一系列的规章制度，只有这样才能够让下属明确工作与生活的不同，这样区域经理在对下属进行管理时，才会避免出现人情管理的现象。对下属的管理做到有章可循、有法可依，才能使下属服从命令。对于如何定规矩王经理是这样做的。

1. 制订业务流程，规范操作。告诉下属工作的方法、标准和操作流程。

2. 制订一系列的管理制度。告诉下属该干什么、不该干什么以及奖励和处罚的标准和办法。

3. 重视管理制度和业务流程。为了让这些管理制度和流程能够引起下属的重视，王经理在制定好相关制度后立即召开所有人员开了一个区域会议，在会上王经理对这些管理制度进行了宣讲，同时又将区域的业务流程和管理制度贴在办事处的醒目位置上，并时时提醒下属。

4. 严格遵守制度。对于违反相关规定的下属，王经理绝不徇私情，严格按照流程和制度处理，做得好的王经理同样也按制度执行，奖罚有据、公平公正。

小提示：没有规矩不成方圆，企业需要一系列的规章制度来约束员工的行为以达到发展的目的，一个营销团队同样也需要通过规章制度来对营销人员进行管理以达到团队的目标。

树威信

“有威则可畏，有信则乐从，凡欲服人者，必兼具威信。”区域经理树立威信的方式有很多种：如可以通过公司的任命书告诉下属你的定位，也可以通过会议宣讲让下属明白你的职权，可以通过与下属私下沟通表明你为人处世的原则和管理方法，还可以通过周围同事口头颂扬来为你宣传。总之通过这一系列的点滴工作，你就能逐步完成树威信的工作。

（一）召开正式会议

上任之初王经理就在第一时间召集了A区域市场的所有业务员和经销商开了一个正式会议，在会议上王经理做了自我介绍，并传达了公司的任命书，接着开了一个市场情况分析会和主题培训会。通过召开系列主题会议，王经理不仅完成了权力的交接，同时通过对市场的准确分析和内部高超技巧的培训，让经销商和业务员对他刮目相看。

（二）制定工作的三大纪律

首先，不贪小便宜——无论同事还是经销商。

其次，不借钱——无论如何紧急，不向同事或经销商借钱。

最后，不在人前分析自己所作所为的个人动机和目的——无论是成功还是失败，王经理认为这种分析将会给下属及经销商留下很多琢磨自己的空间，降低你的谈判地位，因为神秘是树立威望的一个重要因素。

（三）言出必行

在和下属工作的过程中，“言必信，行必果”，不做模棱两可的

答复。

小提示：有威则可畏，有信则乐从，凡欲服人者，必兼具威信。

做表率

榜样的力量是无穷的，我们常说“兵熊熊一个，将熊熊一窝”，一个团队的好与坏往往和该团队的核心人物有着密切的关系。区域经理作为区域市场的管理者是这个团队的核心人物，个人的表率作用往往对团队的成员有潜移默化的影响，影响着团队的士气和凝聚力。作为区域经理在管理下属的同时应以自己的实际行动起到表率作用，做到“己所不欲，勿施于人”，这样才能让下属心服口服。

（一）身先士卒

在工作中身体力行，不仅要指导团队成员的工作，在很多时候应身先士卒带领下属一起干。

（二）在为人处世方面洁身自好

小提示：榜样的力量是无穷的，个人的表率作用往往对团队成员有潜移默化的影响，影响着团队的士气和凝聚力。

抓落实

好的计划和方案需要强有力的执行力才能发挥作用。在实际工作中区域经理最困惑的就是自己的指令和方案由于下属阳奉阴违而难以落实到位，究其原因：一是下属的执行力不到位，二是很多区域经理在安排完工作或者将执行方案交给下属后，再也不去过问了，下属在工作中即便落实不到位，也没有监管和惩罚，被下属钻了空子。因此对于区域经理来讲，在对下属进行管理的同时最重要的问题是要抓落实，要注重结果、也要盯紧过程，这样下属才能有紧迫感和压力，计划才能执行到位。

小提示：好的计划和方案需要强有力的执行力，要注重结果，也要盯紧过程，抓好落实，这样下属才能有紧迫感和压力，计划才能执行到位。

讲正气

讲正气就是在工作中要一碗水端平，在对下属的管理工作中要本着公平、公正、公开的原则处理事情，不能因为个人关系或者个人喜好在对下属的管理中存有私心，这样区域经理才能获得下属的爱戴和尊重，才能在管理过程中保持良好的心态和公平的态度。

管理的失败以及管理过程中下属严重的不满情绪往往就是因为区域经理在实际工作中或者处理问题方面，只讲私心，没有原则，最终使自己的团队没有凝聚力，下属各自盘算着自己的事情，结果市场一塌糊涂。在这方面王经理是这样做的。

公司新近推出一批产品助销货架，从试点区域传来的消息证实可以提高20%的销售量，公司先行给A区域市场中转库发来100个货架，业务人员和经销商都盯着这100个能够带来真金白银的货架，王经理如何分配才能让所有业务人员和经销商都感到公平呢？

王经理的分配方案：首先，分配给已经完成今年销售计划的经销商；其次，分配给完成本月销售计划的经销商；剩余的货架不予分配。

理由很简单：是否完成销售计划进度是分配的唯一标准，如果有经销商率先完成下一个月的销售计划，不论是否已经拿到过货架，一律按照先后顺序予以分配，分完为止。大家觉得这样分配很简单，也很公平。王经理办事公允起到了很好的激励效果，他尊重了业务员和经销商付出的努力，大家自然也都站在王经理一边。

小提示：工作中要本着公平、公正、公开的原则处理事情，这样区域经理才能获得下属的爱戴和尊重，才能在管理过程中保持良好的心态和公平的态度。

找方法

由于个人的生活环境、教育背景、性格的差异，每个人都有自己的喜好、秉性以及特点，对不同的人采取不同的管理方式所取得的效果就会有所不同。同样的方法可能对 A 有用，但却不一定对 B 有用，因此区域经理在管理下属的时候，不能千篇一律，需要根据每个人的特点，采取不同的方法来管理。只有根据每个人的特点，找到适合的方法，这样才能在管理下属时得心应手。

小提示：对不同的人采取不同的管理方式所取得的效果也有所不同，根据每个人的特点，找到适合的方法，这样才能在管理下属时得心应手。

多鼓励

每个人都希望自己的工作成绩能够被领导认可。区域经理在管理下属的时候要学会“睁一只眼，闭一只眼”，这里所讲的“睁一只眼，闭一只眼”是指多看下属的成绩和好的方面，认可下属的成绩和优点，多鼓励、表扬下属好的方面，并在工作的过程中通过多鼓励的方式让下属自觉地改掉不好的习惯，使下属认可你的管理方式。

小提示：每个人都希望自己能够被承认，都希望自己的工作成绩和结果能够被领导认可。区域经理在工作的过程中通过多鼓励的方式让下属自觉地改掉不好的习惯。

重承诺

“人而无信，不知其可也”，就是说一个人只有言出必行、遵守信用才能被人相信。作为区域经理要想使自己的下属认可自己，对下属就必须“言必信，行必果”，这样才能让下属知道你说话的分量，明白你为人处世的风格，才能把你说的话记在心上并予以落实。

小提示：人而无信，不知其可也。

第18节 如何管理驻经销商处的业务人员

调动驻经销商处业务人员的积极性和主动性，变过去的“让我做”为“我要做”。

L企业是一家颇具规模的食品企业，公司位于×省首府W市的一个工业园区内，产品的销售范围遍布×省及周边几个省。陈经理作为L企业的区域经理主要负责Y省的市场销售，为了进一步完善市场工作，陈经理决定在Y省的首府市以外的外围市设立市场办事处，派驻业务人员对经销商进行一对一的帮助，协助经销商精耕细作市场。初期的效果十分理想，销售量得到大幅提升，获得了公司领导的好评，陈经理还准备将这一模式在全公司推广。

然而，三个月后，除个别区域销量增长外，大部分销售区域销售出现了停滞甚至是负增长的局面，每当驻外业务人员回来开会或者汇报工作时总是以市场竞争激烈、增长空间有限等客观因素来答复销售不利的原因，情况真是这样吗？

陈经理经过对市场的了解和通过从其他人那里了解发现，一开始派驻人员刚下市场由于和经销商关系不熟，工作比较上心，也很努力，但是后期由于和经销商关系混熟了，有些业务人员就开始消极怠工了，一天玩到晚或者一觉睡到中午醒，末了到经销商处聊聊天、发上几个货物计划、处理一些小事情就再也不见人影了，市场完全交给经销商去做，不管不顾。更有甚者，个别业务人员虽然说是在办事处，但是几乎不和经销商会面，除非月底要打款时才和经销商见一面。

在弄清了市场下滑的原因后，为了解决这个问题，陈经理对一部分表现差的人员进行了整顿并开除了相关人员，同时为了管理其他驻经销商处的业务人员，采取了一系列的措施。经过一系列的调整，Y省的外围市场又呈现出生机勃勃的发展势头，陈经理是如何做的呢？

建立驻经销商处业务员的考勤管理制度

为了监督驻经销商处业务人员的日常工作，要求业务人员每日在规定的上班时间用经销商的座机电话进行上班报到（岗），并安排专人对驻经销商处业务人员的报到（岗）情况打考勤，杜绝业务人员睡懒觉的现象。

规范驻经销商处业务人员的日常工作流程

根据企业产品的特性和市场工作的要求，陈经理制定了业务人员的工作标准，对业务人员每日的工作时间、工作内容进行了详细描述，并制定了相应的流程，严格要求业务人员按计划执行。同时对每周、每月末应该提交的工作总结和工作计划等报告和报告时间，以固定的格式进行标准化的规范，同时在制定这些标准时，给业务人员留够充足的时间来处理应急事件。

每月末对业务人员报告的提交情况和工作计划的执行情况进行记录分析，定期以内部通告的形式下发考勤情况，并按制度要求进行表扬和处罚。

注重过程管理，规范考核要求

在业务人员工作成效的考核上，陈经理认为有好的过程才能有好的结果，根据制定的工作内容要求，改变过去重结果轻过程的管理方式，重点考核业务人员工作内容及一些过程指标和计划的执行情况，在整个考核体系中工作内容等指标如铺货率、回访率、工作计划执行率等内容的比重达到60%，而销售结果的比重仅占40%。

建立双重沟通渠道

为对驻经销商处业务人员进行有效地监督和管理，陈经理特地将个人电话告知经销商，要求经销商能够及时反映市场问题和业务人员的工作情况，同时每半个月专门抽出一天的时间通过电话与经销商沟通，了解业务人员的工作情况。

每周安排销售内勤在周末联络各驻经销商处业务人员，询问业务人员工作的进展情况、是否需要帮助，在节假日和业务人员生日时给他们打祝福电话，而自己也会时不时地和驻经销商处业务人员沟通、聊天。这样一个方面可以了解业务人员的生活状况、思想动态，拉近彼此之间的距离，同时也间接地了解了市场情况，可谓是一举多得。

建立市场督察机制

为了落实各项考核指标，陈经理自己下市场检查业务人员的工作，同时还下派市场督导人员不定时地对市场进行秘密的随机抽查，对业务人员的各项考核指标进行月度抽查考核，并将督察的结果及时通报，提出改进的意见并按制度奖惩。

建立对业务人员的激励机制

陈经理在严格考核的前提下，建立一系列针对驻经销商处业务人员的奖励办法，出台了创意奖、陈列奖，并针对表现较好、综合考核前三位的业务人员设置了鼓励奖和优秀奖，并予以及时兑现。

通过一系列有效的管理措施，不仅规范了业务人员的工作行为和工作内容，同时由于执行到位，各驻经销商处业务人员的工作面貌焕然一新，调动了业务人员的工作积极性和主动性。

小提示：管理只是手段，调动人员的积极性才是目的。

第 19 节　如何激励下属

激励下属调动团队成员积极性永远是赢得市场的关键。

L 区域是营销老总王总的一块心病，已经连续几个月没有完成公司下达的销售任务了，整个销售团队人心涣散，业务人员都在打着自己的小算盘，抱着混一天是一天的态度工作，销售业绩是一降再降，不仅拖了公司整体业绩的后腿，也影响了公司的战略规划。如果再不进行调整，不仅 L 区域毁了，今年的整个销售目标也会受到影响，派谁去收拾这个残局呢？

最终，王总决定派自己的爱将李峰前往 L 区域收拾残局，希望借助李峰丰富的市场经验和管理能力将 L 区域带出目前的困境。

在接到自己老领导的电话后，李峰二话没说便欣然领命前往 L 区域赴任，如今六个月的时间过去了，L 区域在李峰的带领下变成

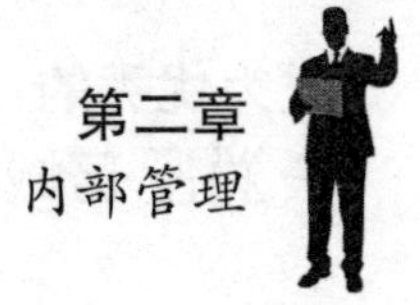

什么样了呢?

"真没想到,L区域在李峰手里短短六个月的时间,不仅销售工作上了一个新台阶,更重要的是整个营销团队焕然一新,每个销售人员都充满了活力和激情。"王总这样说道。

那么,李峰是如何在短短六个月的时间内做到这一切的呢?

李峰这样认为:激励下属、调动团队成员的积极性永远是赢得市场的关键。

L区域的业务员小王说李峰是这样做的。

设立合理目标

设立目标是最有效改善部属表现的方法之一,过去我们的前任,在给我制订销售目标时,总是把目标设置得太高,认为高目标是一种挑战,可以激发我们的斗志,结果是面对这个不可能完成的任务,每个人都失去了信心,既然明知完不成也就没有努力的必要了。而李经理在制订任务时总是根据实际情况合理设置销售目标,我们大多数人通过努力就可以达到。

鼓励下属参与决策

每当公司有大的活动或者其他重要决定时,李经理从不简单地发号施令,而是尽量动员我们这些业务人员参与决策,共同研究工作,引导我们开动脑筋,找出好的方案。我们感觉方案的提出也有自己的功劳,因此,在执行的过程中,我们既能正确理解,又能积极地去开展工作。

明确有效授权

李经理针对我们的工作性质明确我们在哪些工作范围内具有自主决定权、哪些需要请示，让我们感到自己能担当大任、感到自己受到重视和信任、感到自己与众不同、感到自己获得了上司的偏爱。

充分认可及时表扬

为了让我们充分表达工作中的想法，李经理定期举办聚会，让我们有机会表达自己的意见和想法。对合理的意见和建议，他总是明确地表示赞成，对不合理的意见在否定的同时也会给我们做出解释。如果他不能当场解决的问题过后总会给予我们答复。每当我们工作上出现好的成绩或圆满完成任务时，他总是给予我们亲切的问候和赞美，及时给予奖励，让我们信心十足。

尊重下属

李经理非常尊重我们，在这六个月的时间里不论我们犯了什么样的错误，从不在第三者面前指责我们，总是等到没人的时候再和我们沟通，我们非常信任李经理。

宽容待人允许失败

和其他经理只许成功不许失败不一样的还有，李经理允许我们

失败，对于我们出现问题或者在工作中出现失误等，李经理从不简单地批评，而是主动帮助我们分析问题，找出失败的原因，跟着这样的领导我们放心，没有理由不拼命往前冲。

小提示：对于不可能完成的任务，每个人都会失去信心，明知完不成也就没有努力的必要了。

让下属参与决策、共同研究，在执行时才能正确理解方案，又能调动下属的积极性。

授权、认可和表扬都是一种尊重和信任，允许失败也是一种很好的激励方法。

第20节　如何授权

如果没有监督，可能连小学生都写不完作业，同样，缺乏监督的授权意味着无效的授权。

小赵因为业绩突出被提升为M区域的区域经理，带着无限的希望，小赵开始了职业生涯的转变。为了给公司一个满意的交待，不辜负公司领导的期望，小赵下定决心一定要好好干，争取将M区域市场的销售带上一个新的台阶。上任之后的小赵一心扑在工作上，小赵和原来一样对任何事情都亲力亲为。小赵认为把事情交代给业务员，他不放心，不如自己干的好。

从上任伊始，小赵就从早到晚地忙个不停，终日有干不完的活，把自己弄得狼狈不堪。如此忙碌按道理销售业绩该上去了吧，然而三个月的时间过去了，小赵负责的区域的销售量不仅没有提升反而出现了下滑现象，更为严重的是整个销售团队毫无斗志，每个人都无所事事等待小赵安排工作，面对这样的情况小赵很迷茫。

张经理作为小赵的前辈，在A区域担任区域经理，与小赵的工作状态不同的是，张经理给人的感觉每日总是很清闲，但他带领的A区域的销售业绩总是名列前茅。对于小赵目前的情况，张经理认为小赵的问题主要表现在两个方面。

不敢放权

这是很多新人常犯的毛病，他们对下属的工作能力缺乏信心，认为下属处理不好这些事情，因此对市场工作大包大揽，事无巨细事事都要过问。正常节假日促销活动的人员安排要管，每个终端费用投入要尽量亲自出马，一线业务员闹情绪他要去做思想工作，几十元一天的促销员工资要他去批，招聘销售代表要亲自面试，营销、财务报表要自己编制……最终造成很多问题区域经理不出面就无法解决的局面。

不会授权

对自己下属的工作能力缺乏基本的了解，虽然授权但是对象错了，下属缺乏解决问题的能力，或者在授权时没有明确各自的责权利，喜欢亲自解决，最终使下属不敢管也不愿意管，把问题上交了事。

张经理认为区域经理的工作重心在市场规划、竞争策略、营销策略、市场巡检、渠道管理、市场分析、市场指导、团队管理与激

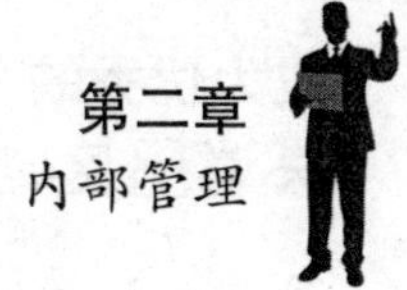

励、部属能力训练与提高这些方面，小赵要想使自己的市场工作能够有成效，必须要做好以下两个方面的工作。

（一）要敢于放权、不必事必躬亲

区域经理必须要明确一点，市场工作的出色表现不是区域经理一个人能够做到的，是整个团队共同努力的结果，因为一个人的时间和精力有限，不可能把任何事情都处理好。

因此作为区域经理要充分相信下属的工作能力和责任心，要敢于放权，要放手让下属去做，而不是事必躬亲，这样才能锻炼下属的工作能力，才能让下属有责任感地去工作，并激发下属的工作热情，同时还能使区域经理将自己从繁杂的琐事中解脱出来，去考虑和解决更重要的工作。

（二）学会抓大放小、善于授权

在工作中要善于分清主次，抓住问题或工作的主要方向和关键点作为自己工作的重点，而对于次要或者不是很重要的工作要交给下属去做，这样才能让自己腾出时间专注思考和解决重要的问题，这样才能提高工作效率。

对于如何进行授权，张经理根据自己的工作经验，总结如下。

1. 明确分工。将区域的各项工作归类，明确各项工作职责，哪个岗位负责哪类工作，并形成管理制度。

2. 了解下属。要了解下属的工作能力、特长和不足，在授权时要根据下属的能力和特长分工，让下属发挥所长，这样才能使授权有效果。

3. 尊重下属。授权后要充分尊重下属的决定，不要肆意干涉，也不要做决定，这样才能调动下属的积极性，变“你让我干”为“我要干”。

4. 下放权力。对授权后的事情要求下属不必事事请示，将决定权交给下属，培养他们敢于独立解决问题的能力，这样才能锻炼下属的工作能力。

5. 做好监督。区域经理在授权完毕后，不能对业务人员的工作情况完全不管不问，而是要对他们的工作情况和进展做好监督，了解工作的进展情况，督促他们在自己的权力范围内开展好工作。

只有这样，授权才能起到既分工明确又能有效开展工作的目的，区域经理才会有更多的精力去处理市场工作，才能更从容地面对各项工作，处理事情才会游刃有余。

小提示：要充分相信下属的工作能力和责任心，要敢于放权，要放手让下属去做，而不是事必躬亲，这样才能锻炼下属的工作能力，才能使下属有责任感地去工作，并激发下属的工作热情。

在工作中要善于分清主次，抓住问题或工作的主要方向和关键点作为自己工作的重点。

第 21 节　如何有效地召开区域会议

召开区域会议旨在通过沟通找到好的方法，解决区域内部的市场问题，是区域市场的正式工作会议和解决问题的会议。

区域经理王明海已经上任三个月了，在对市场进行全面了解后，感觉市场问题不小，决定召集各个辖区的业务人员和经销商开一个小型的区域会议，一来算是自己和大家正式的见面会，相互熟悉一下；二来就是想就市场出现的问题和大家进行沟通，听听经销商和

业务人员的想法，解决目前市场的问题，明确后期的市场思路。

作为自己就任区域经理的第一次会议，王明海一心想把这次会议开好，过去自己作为业务人员也参加过类似的会议，但是毕竟只是一个参会者，没有任何组织会议的经验，对于如何开好这次会议，王明海心里一点底也没有……

和王明海一样为了更好地协调区域市场，很多企业的区域经理已经开始在内部组织区域市场的协调会议，这里有成功者也有失败者。那么，要召开一次有效的区域会议，区域经理应该怎么做呢？

要避免三个问题

一是将会议开成招待会或者聚餐会。

二是将会议变成“争吵会”、“牢骚会”，未能很好地发挥会议本身的协调作用。

三是区域会议成为形式，议而无果。

要做好的工作

要做好思想上的准备。区域经理要明确这次会议的主题是什么，希望达成什么样的效果，这是区域会议成功与否的保证，也是会议的目的。

要做好会议的安排。确定好会议的时间、地点、参会人员以及其他后勤保障。

要准备好会议的硬件设施。召开会议所需要的设备，要提前准备和调试好，避免因为硬件设施出现问题而影响会议。

制定好会议流程和会议注意事项。有条件的最好准备会议流程表，明确会议注意事项，并将其发放到与会者手中，让与会者能够更加清晰地了解本次会议的全过程，及时将会议主题、时间地点、注意事项等信息传达给与会者。

要严格按照会议流程落实会议。为了保证会议的顺利进行，会议主持者要严格按照流程主持会议，对在会议中扯远的话题要及时引导到会议主题上来。

掌控好会议时间。一个人的注意力最多能够集中 40 多分钟，会议主持及负责人要及时调节大家的注意力，将注意力及时吸引到会议议题上来。

用数据说话。在会议召开的过程中要多分析数据，用数据和事实说话，通过数据可以让经销商们看到希望、看到前景、看到不足，比批评、强迫的效果要好得多，多调动积极氛围要比机械地念稿好得多。

要做好防范和应对措施。由于区域市场中存在的各种问题，经销商之间既有合作也有矛盾，在这样的小型会议上很容易就会有人出头来反映市场问题，随意打断会议、扰乱会议秩序，让会议陷入尴尬的境地。针对这种情况，要在会议之前做好防范，告诉与会者会有专门的时间来反映和讨论、解决市场中存在的问题。如果依然有人恶意打断会议，这个时候就要采取必要措施，及时制止扰乱会议的行为。在处理这些问题时，会议负责人一定要克制，不要因为别人的出言不逊而大动肝火，记住一点：会议是解决问题的，不是制造矛盾的！

会后要及时总结。会议是否达到预期效果、哪些地方需要改进、达成了哪些共识，解决了哪些问题……会后要及时进行总结，这样才能让区域会议更加有效率、有效果！

小提示：会议是解决问题的，而不是制造矛盾的！

第22节　如何与上级、下级有效地沟通

一个人的成功其智慧、专业、技术和经验只占成功因素的25%，75%取决于良好的人际沟通能力，因为只有良好的沟通才能被他人理解，才能得到必要的信息，才能获得帮助。

都说沟通难，然而对于肖浩天来说，沟通并不是一件很难的事情，作为一名区域经理每次出差在外乘坐火车，肖浩天总是能和周围的乘车人聊得火热，在短时间内和他们成为熟人、朋友。肖浩天对此非常自豪，曾骄傲地说："我在全国各地都有朋友，到哪都有朋友招待我。"

在工作上，肖浩天更是把自己擅于沟通的特长发挥得淋漓尽致，在做区域经理的两年时间里，肖浩天在工作上总是能取得上级的支持、下级的理解和经销商合作伙伴的信任。在工作之余，不论是上级、下级、经销商都将他视为朋友，愿意和他交流。也正是如此，A区域的市场工作在这两年里进展得非常顺利，肖浩天的这个能力让很多同事非常羡慕。肖浩天说自己也不是天生就擅长沟通，这要得益于自己不断学习的结果。对于如何沟通肖浩天认为，成功的沟通需要做好四个方面的工作。

1. 要找到共同的话题或者对方感兴趣的话题。

2. 要双向互动，既要听又要说还要问。

3. 要善于聆听。

4. 要明确沟通的目的。

具体到工作方面，肖浩天认为区域经理要修炼好和上下级沟通这门功课，必须把握好以下几个原则。

与上级进行沟通时需要遵循的原则

（一）知己知彼的原则

在与上级沟通时，需要了解上级的意图，明白自己想要达成的效果。作为上级，虽然对于区域市场销量的关注是第一位的，但是这只是关注的一个点，可能上级对你的市场表现还有更多的想法。作为区域经理只有了解上级的这些意图和用意，在与上级的沟通中才能言之有物，才能在和自己的上级沟通中找到上级感兴趣的话题，激发上级的兴趣，拉近彼此的距离。

（二）实事求是的原则

在与上级沟通时，一定要如实汇报，避免夸大其辞或者隐匿瞒报。作为区域经理的上级面对着众多的下属，对自己下属的认识和了解只能来自平常的汇报和偶尔的市场巡查，对自己下属的认识往往只是片面的。

区域经理在与上级沟通时，可能一次不切实际的汇报就会在上级面前留下不好的影响，并把这种影响长久地保留在上级的印象中，导致上级的不信任和反感，为自己以后的工作留下隐患，因此作为区域经理在与自己的上级进行沟通时一定要切合实际，做到实事求是。

（三）主动沟通的原则

作为区域经理的上级每天需要处理很多事情，每天需要和不同的下属沟通，有时难免会有疏忽。因此，区域经理就需要在和上级进行交往的过程中与上级进行主动沟通，只有积极主动的沟通才能加深上级对你的了解，在你需要帮助时就会得到回应。否则，临时抱佛脚难以取得好的效果。

（四）换位思考的原则

所谓换位思考就是区域经理站在上级的角度考虑问题，只有这样才能理解上级的意图，理解上级的难处和不得已的地方，才能全面考虑问题。在沟通时一方面可以表明自己的所思所想，取得理解和信任；另一方面又能够取得上级的认同。

小提示：与上级沟通的目的在于：第一，可以最大化地争取到内部的有限资源；第二，在遇到困境时可以获得帮助与理解；第三，可以排除工作中的障碍并获得指导；第四，可以给自己带来晋升的机会，从而实现自己的发展目标。

与下属进行沟通时需要遵循的原则

（一）因人而异的原则

每个人的性格、处事风格不同，表达的方式也就有所不同。我们常说销售人员有时候需要“见人说人话，见鬼说鬼话”，其实在与下属沟通时同样存在这样的问题。区域经理面对不同的下属就需要采取不同的方式进行沟通，这样才会达到目的。比如，对性格内向的下属就需要轻声细语，对于性格外向的下属可能就需要你在开玩笑的过程中完成沟通，而对于处事谨慎的下属可能你就需要正式的、面对面的沟通。

（二）多鼓励少批评的原则

每个人工作的能力有大有小，但是每个人都渴望被承认和了解，因此作为区域经理在和下属进行沟通时要学会赞美和认可，学会将眼光盯在下属的长处而不是短处上。对下属工作中的成绩一定要多多予以表扬，对产生的问题找出问题出现的原因即可，避免针对一些问题进行批评，只有这样才能让下属感觉被尊重和理解，这样与下属的沟通才能有效，避免由于过多的批评造成下属的逆反心理或者损害下属工作的积极性。

（三）多听少说的原则

人都有表现欲望，作为你的下属都希望在与你的沟通中充分地展示自己的成绩和能力，而不是让你把他当做教育和批评的对象，或者把他当成倾诉的对象。这就要求区域经理在与下属的沟通中多听少说，让下属充分发表自己的意见和想法，这样一方面可以避免言多口误，造成下属对你的不信任；另一方面在下属陈述的过程中可以了解更多的东西，找到问题的根源，同时也会让下属愿意与你交心、倾谈，给自己的工作带来更多便利。

（四）平等沟通的原则

越让别人觉得自己重要，别人对你的回报就越多。在与下属沟通时，区域经理要学会放下架子，把下属当成自己的朋友，让下属感觉到自己很重要，只有这样下属才能视你为朋友和工作中的伙伴，才能剔除心中的障碍。在和你沟通时知无不言，告诉你问题的实质和关键，这样你才能走进下属的心中了解问题的真相。

小提示：和下级沟通的目的：一是下级是你完成工作的助手和工作思路的执行者，区域经理需要下级理解与领会自己的意图和思路，激发下级的工作热情；二是调动下级在工作中的积极性与主动性。

最后，不论是和上级还是和下级沟通，只有真诚才能增进双方的理解和信任，拉近彼此的距离。明确沟通目的才能使沟通更有效，作为区域经理与上下级之间的有效沟通，不仅能够有助于自己开展工作，同时也会为自己带来光明的发展前途。

小提示：真诚才能增进沟通双方的理解和信任，拉近彼此的距离，明确沟通目的才能使沟通更有效。

第 23 节　如何有效地管理时间

工作要在限定的时间内完成，不要为自己找借口推脱。

“忙、忙、忙”，刘睿自从升任瀚海公司 W 片区的区域经理后，在这三个月的时间里，让刘睿最有感触的就是“忙”，感觉每天的时间不够用，电话从早到晚响个不停，自己每日忙忙碌碌地往返于各个市场之间，处理着各种琐碎的事情。但是，总感觉到自己做了很多事情，实际工作却和原定的计划风马牛不相及。

按理说努力就应该有回报，但是在这三个月的时间里不仅很多工作没有理顺，市场工作还和过去一样没有任何进展。前两天市场总监王总问涉工作进展情况时大发雷霆，将刘睿狠狠地批评了一顿。刘睿感到很委屈，毕竟自己也很努力啊，即便没有功劳也有苦劳吧。那么，面对这种局面刘睿到底该如何应对呢？

市场总监王总虽然将刘睿严厉地批评了一顿，但是，毕竟告诉他方法才是重要的，对于刘睿工作中存在的问题还是听听瀚海公司的市场总监王总是怎么说的吧。

“刘睿目前存在的问题和很多刚上任的区域经理一样，作为新人，他们有激情、有干劲，也一心想把工作做好。但是，作为新人，他们面临着从执行者到管理者的转变，表面上一天到晚忙得不亦乐乎，但是从工作本质上看，由于没有明确工作的核心内容致使工作陷入琐事、急事和私事当中，白白浪费掉不少时间。对他们来说，如何对自己的时间进行有效地管理是他们走向成功的第一步。”

对于刘睿目前的状况，市场总监王总给出的建议是：希望刘睿在后期的工作中，对自己的工作时间进行有效地管理，要求刘睿从以下几个方面来改进自己的工作。

拟定每周的工作目标

在制定周工作目标的同时要拟定工作的进展计划，使时间更有计划性，并在实际工作中切实执行工作计划，让自己成为掌握时间的主人。

按照轻重缓急的次序安排每日的工作

根据事情的重要性和紧急性划分为：既重要又紧急的事情、重要但不紧急的事情、不重要但紧急的事情、既不重要也不紧急的事情。按照这个先后顺序来安排每日的工作。

有效利用时间

学会有效运用每天的黄金时间（上班后的前两个小时），解决比较重要的事情，以提高工作效率。

定期检查自己的工作情况

定期对自己每个时间段的工作情况做好检查和反省，即通过记录自己的时间，追踪自己的时间流向，定期分析时间的运用状况，找出在时间安排上存在的问题和造成时间浪费的原因，进行调整并改掉浪费时间的习惯。

遵循 SMART 原则

遵循时间管理的 SMART 原则，对自己的工作进行相应的管理。

1. 对具体的、可确定的工作计划必须明确到每一个时间段具体完成什么样的工作内容。

2. 对工作中可以衡量的、可以量化的工作如销售目标，做一个计划进展分解表，并按照时间要求追踪落实。

3. 对容易达到和短时间内可以完成的工作，尽可能地抓紧时间落实，防止因为工作过于轻松或者事情太小而被遗漏。

4. 要注重工作计划的完成效果。

> 小提示：要统筹安排整个市场的工作，对事情的处理要有轻重缓急之分，不能头疼医头，脚疼医脚，胡子眉毛一把抓。
>
> 培养规划时间的习惯，依照事情的轻重缓急、优先次序安排时间，并根据实际情况有目的有步骤地完成工作。

第 24 节　如何有效提高出差效率

区域经理对每次的出差工作要有一个明确的目的，需要带着问题出差，使出差工作有针对性和重点。

每一次的出差对于区域经理小吴来讲都是一件痛苦的差事，感觉自己像个无头苍蝇，出差整天忙忙碌碌不说，回到单位后盘点出差的成果总是感觉好像没做什么工作，似乎出差就是和经销商聊天、吃饭了，搞得自己很累不说，下面的业务人员也是跟着忙忙碌碌的，一点成就感都没有。但是，不出差似乎又有些不妥，毕竟需要了解市场一线的实际情况，需要知晓渠道动态，需要和经销商沟通，还有一线市场的一些问题需要自己来处理。究竟如何让出差工作更有效率呢？区域经理小吴希望能够找到好的方法。

区域经理出差的目的是实地解决重大事情、营销谈判、针对性检查工作、拜访客户、了解和调研市场信息、实地调查营销阶段性执行工作、实地论证营销决策等。区域经理要使自己的出差工作有效率，需要避免以下几个方面的问题：

1. 避免无目的的出差，不能为了出差而出差；

2. 避免出差无计划性，想出差就出差；

3. 避免出差后对出差过程中遇到的市场问题，不予解决或回复。

为了让自己的出差工作有效率，区域经理要做好以下几项工作。

明确出差目的

区域经理对自己的出差工作要有一个明确的目的，需要带着问题去，如是检查市场还是调研市场信息或者是进行客户拜访，此次出差希望达到什么样的结果，等等。作为区域经理在出差前只有明确了这些，才能使自己的工作有针对性和重点，避免盲目出差，使出差工作成为一件没有意义的事。

制订好出差计划

在明确了出差的目的后，制订好出差计划是提高区域经理出差效率的一个关键点，一般出差计划包含以下四个方面的内容。

第一，出差时间点的确定。区域经理在出差前对自己手头的工作进行必要的安排，避免在出差途中因为手头的事情打乱行程和计划。

第二，确定出差路线。确定出差目标城市的目的，安排好行程，使出差的线路最合理。

第三，出差详细行程安排。行程安排在于保证工作能够按照计划有序进行，一般一个严谨的出差计划必须列出每半天的工作内容和行程安排，还要充分考虑地理、交通等各项要素，从到达时间至离开时间都必须统筹安排好。尽量安排在晚上到达和离开，这样白天就会有充足的时间工作，节省出差的时间，提高工作效率。

第四，出差需要的协助。通过明确哪些人员做好哪些配合工作，可以避免到达目的地后出现当事人不在的情况，影响出差工作的开展。

安排好目的地的工作行程和工作内容

区域经理出差工作中，目的地的行程和工作内容安排最为关键。一个优秀的区域经理，出差的工作行程同样是规范和严谨的，一切按既定计划办，在出差工作中，有板有眼、有序有节，具体应该如下。

在每到达一个目的地前，区域经理应和当地业务人员电话沟通，以明确行程和工作计划。

到达目的地后的日常工作流程：一是听取当地销售人员简单的工作回顾和小结，初步了解当地的情况，一般这项工作都是在路上或在入住酒店后随时了解的；二是实地拜访终端和批发渠道检查工作，这是区域经理出差最重要的一项工作，也是出差的核心目的。

拟定好出差工作的检查流程

检查流程主要有两个方面的流程：一是实地检查流程，二是经销商拜访工作流程。

（一）实地检查流程

1. 列出实地重点终端名单，从该名单中抽出部分卖场和批发商，

再根据时间安排制定检查路线。

2. 每到一个终端前，在路上要先了解该终端销售、促销和历史销量情况，同时了解有无问题和突出表现，以做好检查前的准备工作，也可以了解业务人员是否熟悉自己的渠道情况。

3. 到达后，应该从分销、陈列、助销、价格四个方面检查是否符合规范，同时要和促销员沟通，了解各项促销活动和销售开展情况，以及他们对产品销售的建议。

4. 了解竞争品牌的销售情况，分析我们和竞争对手之间的区别，发现销售的不足和机会。

5. 关注一些特色促销活动和好的营业推广方法，留意一些新的产品信息，考察一些新的货架陈列方式，有条件的应该拍下照片。

6. 广泛地和其他品牌的促销员沟通，了解渠道情况和渠道特点，也了解他们的销售特点和信息。

7. 有机会应该拜访重点终端的主管，区域经理与他们平和地沟通，会让他们更加重视我们的品牌。

8. 区域经理应该要求当地销售人员现场改进和现场完善，能马上做的马上做。

9. 检查完所有抽查终端后，区域经理应随即和当地销售人员总结工作，讨论该终端工作，提出下一步工作改进的建议。

（二）经销商拜访工作流程

经销商拜访工作，需要注意的是这项工作必须由当地业务人员共同参与，经销商的拜访工作流程如下。

1. 了解经销商的问题，并现场提出解决办法，或明确解决的时间和流程。

2. 针对经销商工作中需要改进的地方，提醒并明确要求他做出改进计划。

3. 向经销商介绍公司的政策，同时征询改进意见。

4. 针对实地检查工作的结果，和经销商明确下一步工作方向。

5. 征询经销商关于公司下一步营销工作的思路和意见，并随机了解其他品牌当前的动态。

做好出差备忘录

在出差工作基本结束后，区域经理要做好出差工作备忘录，列举该城市工作中好的地方和不足之处，有哪些改进办法，明确下一步行动的步骤和计划。最好能将自己的出差心得和思路与当地销售人员分享。

做好后续跟进工作

写完出差工作备忘录后，最关键的工作就是紧盯和反馈，不断去了解后续执行情况，不断地关注反馈改进的信息：实际问题解决了没有？没有解决又应怎么办？终端工作改进了没有？反馈改进的工作是否按计划完善和突破了？是否明显提升了销量？以便为下一次出差提供检查依据。

小提示：明确目的、做好计划、安排好行程和工作内容、制定好检查流程、做好备忘录、做好后续跟进工作，这样的出差工作才更有效率。

第三章

常见误区

第25节　市场工作应避免的几个误区

从业务员到区域经理，从基层到管理层，这是大多数区域经理职业生涯的发展轨迹，作为一名区域经理要使自己从一个成功走向另一个成功，在市场工作中必须要避免以下误区。

误区一：只重感觉、不重研究

很多时候区域经理总是将自己的工作归结于忙，没有时间去一线市场做必要的调查和研究，在需要了解市场情况的时候，往往只是坐在办公室听下属的汇报，根据下属的汇报情况结合自己的市场经验凭感觉判断市场，并根据这个判断进行决策；更有甚者，有些区域经理由于在一个市场上待的时间较长，认为自己区域市场的那些东西都在自己的脑子里，认为研究市场是企业营销总监和那帮没事干的人做的事，对市场研究不重视，全凭感觉做事，想怎么做就怎么做。

没有调查就没有发言权。市场的发展瞬息万变，市场的情况和竞争对手的发展也时刻在变，如果区域经理只是坐在办公室里不深入市场一线了解市场的第一手资料，不研究市场，全靠听下属汇报，靠拍脑袋、凭感觉去做决策，这是对市场不负责任的做法，所做的决策到底如何可想而知，最后的结果不言而喻。

误区二：不下市场、高高在上

很多区域经理上任初期，总是很认真负责，经常深入市场和手下人一起努力，时间长了、情况熟了，觉得自己已经很了解这个市场了，就不再深入市场一线，将市场工作全部交给下属打理，自己每日很是悠闲，美其名曰放权。

但是市场是时刻变化的，今天适合市场的策略可能明天就不适合了，今天的竞争态势可能由于竞争对手的原因而变得非常糟糕，时刻关注市场变动和竞争对手的市场策略，及时进行必要的调整，这才是市场发展的王道。而要做到这一点就要求区域经理不能高高在上，必须深入市场一线，这样才能及时发现问题。

误区三：只知签字、不去评估

对基层人员的报告或市场促销政策等相关材料，很多区域经理，只是在做同样的一件事情，要么不批要么是大笔一挥，轻易地做出决定。对报告内容和细节问题不去过问，对于报告执行的可行性和结果不做必要的评估，最后的结果就是要么丧失市场机会，要么浪费了市场资源却达不到预期效果。

误区四：只看报表、不做分析

看报表应该是区域经理的基本功，一个优秀的区域经理不仅可以从报表中看出问题的端倪，同时也可以在报表中发现市场的机会。但是很多区域经理在看报表时，只注重销售额或销售量上的数字，关注的只是任务的完成率。任务完成得好固然可喜，而任务完成得

不好，他就会要大发雷霆。

对于报表数字背后的原因不愿意做分析，没有去分析销量完成或者没有完成的真实原因。是哪个品项的问题，还是哪个市场的问题？所有人员都如此还是极个别人的原因？不能很好地建议和指导自己的下属。

误区五：只要结果、不管过程

销售用数字说话，这是很多企业对销售人员和销售部门的要求，因此很多区域经理对下属往往以同样的要求为标准，只要结果、不管过程。在管理中以结果为导向，不注重了解下属在市场中的工作过程，只是关注市场销售任务完成的最终结果，谁的任务完成得好，谁就好。

而对于市场任务不能很好的完成的营销人员不管你的市场情况如何，也不管你的工作多么努力，你的方法是否正确，一概予以否决，结果造成业务人员在工作中为了短期目标的实现而拼命地压货或者进行不必要的市场投入的短视行为，结果是市场短时间内上量，最终却留下了一大堆的烂摊子难以收拾。

只有好的过程才会有好的结果，区域经理在关注结果的同时必须时刻关注基层营销人员的工作过程，这样才能通过对过程的管理，取得自己想要的长期目标。

误区六：只会奖惩、不会指导

很多区域经理在对待下属的销售业绩时，片面地认为只要奖金到位下属就会完成任务，因此在工作中只会简单地采取不是对就是错的管理方式。下属业绩上不去时，就会采用大棒的形式进行惩罚，动辄扣除奖金、减少提成、不给报销费用，甚至克扣下属福利；而下属业绩好就会给点利益性的奖励。

这样做的结果是下属没有任何进步，完不成任务的还是完不成任务，区域经理作为一名基层管理人员，有一项主要的工作内容就是指导下属。因此，面对无法完成业绩或失败的下属时，区域经理应该和下属一起分析原因，给予下属必要的指导和帮助；面对下属成功时也要帮助下属分析总结，以便于下属今后把成功的要素发扬广大。这样整个团队才能实现逐步提高的目标。

误区七：只顾上面、不顾下面

作为一名区域经理，在走向领导岗位后，不可避免地要和更多、更高的管理者打交道，有些区域经理因为职位的问题或者个人原因，在走向领导岗位后，忘记了一个营销人的本份，在工作中只是一味地应承上级领导的要求，对于能达到或者不能达到的目标，做不切实际的要求，不从客观条件出发，不考虑下面人员的死活只为了博得上级领导的欢颜。对于一些无法完成和不切实际的任务大包大揽，结果却造成基层销售人员无法完成，极大地损害了销售人员的利益，也打击了他们的工作积极性，导致销售人员被迫辞职或跳槽，自己也成了一个光杆司令。

误区八：只会自己干、不会指挥干

很多区域经理因为自己取得过辉煌的业绩而升为区域经理，但当上区域经理后还是以前的做法，依然把自己当成是业务员，凡事亲力亲为，不会也不知道怎么指挥下属干活，一个人在市场上拼搏，整日自己忙得要死，而下属闲得要死，结果是市场没有太大的起色。

一个合格的区域经理应该首先是一个能带队伍的管理者，其次才是业务精英。自己得教会手下人成为精英。如果只是一个人奋斗，没有很好的管理和指挥下属，下属就不能提高能力，团队就没有凝聚力和战斗力。因此，领导能力在区域市场的竞争中远远要比业务能力重要，区域经理不仅要会自己干也要学会指挥下属干。

误区九：只讲道理、不做表率

“这个工作应该这样办”、“那个事情应该这样解决”、“这个方案需要那样执行”、“作为一个营销人员要如何如何”，每当下属提出问题或者寻求帮助时，区域经理总是用一套一套的大道理和方法来告诉自己的下属要怎么做，但是却从不愿意带领下属去执行，认为自己作为管理者给下属讲讲道理、讲讲方法就万事大吉，让下属去干，就可以达到自己的目的了。但是，只讲道理不做表率会让很多结果与预期目标事与愿违。

我们说榜样的力量是无穷的，区域经理作为一名管理者，要想在工作做中出成绩，必须依靠全体下属的努力工作，而要取得这种结果自己必须要做好表率作用，带领下属团结拼搏，同甘共苦，遇到困难自己必须身先士卒，当好模范和表率，只有这样才能得到下属的拥护和爱戴，才能凝聚团队的力量，向着目标前进。

误区十：只做承诺、不去兑现

一些区域经理为了达成销售目标，总是会给基层营销人员承诺一些奖励措施或者市场上政策的支持，但是，等到结果达成或者基层营销人员需要区域经理真正给予支持或者兑现承诺时，区域经理们总是以各种借口推脱，不去履行自己的承诺。

结果，基层人员对区域经理的信任度大打折扣，在以后的工作中对于区域经理的承诺不当一回事，大大降低了区域经理的威信和公信力，也造成一线营销人员工作上的被动局面，从而导致营销人员工作缺乏积极性，出现应付工作的局面。

小提示：认识误区的目的在于避免重蹈覆辙。

第26节　新市场开发应避免的几个误区

新市场的开发是企业发展中必不可少的一项工作，但是由于市场开发人员对市场的认识不同、工作经验的限制，在新市场的开发工作中，企业销售目标考核机制要求的短、平、快，使新市场的开发陷入误区，导致新市场开发出现很多问题，将一个新市场开发成夹生市场，企业浪费人力、物力、财力不说，最终的市场效果还不尽如人意。那么，新市场开发都有哪些误区？如何避免这些误区呢？

误区一：市场区域求大

市场越大意味着销售量越大，这是一个不争的事实，因此，很多市场开发人员在市场区域的选择上，往往希望市场的区域范围越大越好，毕竟市场大稍微一开发就会见到效益和成绩。但是结果往往是新开发的市场，企业的产品竞争力不强、市场的占有率不高，

尤其在市场开发期结束后市场销量极速下滑，难以达到市场开发前期的效果。

原因在于：首先，新市场缺少市场基础铺垫，消费者对产品的认识不够，难以形成重复购买的消费行为；其次，市场区域过大，企业开发人员的注意力和精力不足，市场工作只停留在表面上；最后，过大的市场区域造成企业物力和财力的分散投入，使新市场前期的支出产生不了轰动效应和宣传效果，为尽一步的开发留下隐患。

李胜利作为新疆一家著名的乳品生产企业的区域销售经理，2007 年受命前往新疆开发 A 地区的整体市场。作为一个地级市场，A 市场下辖八县一市，市场区域较大，公司非常看好 A 市场的前景，也给予了很高的期望。为了不辜负领导的希望，李胜利一到 A 地区就开始了必要的市场调查工作，调查后李胜利认为 A 市场的市场区域大、市场容量也很大。通过对整体市场的开发，一定会在短时间内完成公司下达的销售指标。

为此，李胜利立刻开始寻找经销商，在短时间内在 A 地区的八县一市开发了九家客户，开始了打款和发货的工作。但是，还不到一个月的时间，李胜利开始发现情况有点不对，由于自己一次性开发了九家客户，九家客户同时进货自己还未忙完，这头那头又开始催，自己每天在九家客户之间奔波，不但市场没开发好，而且市场问题越来越多。

由于产品的认知度有限，终端货物大量积压，自己手头上有限的促销费用如“撒胡椒面”一般地被分摊给九个经销商，促销费用没有起到任何作用，同时部分经销商因为服务不到位而颇有微词，部分经销商则干脆不再进货，市场开始急剧下滑。

小提示：正确的做法是根据企业人力、物力、财力的实际情况，选定与企业人力、物力、财力投入对等的市场区域为主要开发对象，并以此市场为核心市场，通过对人、才、物的集中使用，对核心市场进行深耕细作，通过市场的逐步深入和细致开发，建立起稳定的市场基础，在核心市场基础稳定后再选择新的区域进行步步为营的开发，利用核心市场的示范效应，带动新的市场。

误区二：产品品种贪多

新市场的开发在产品品种的选择方面，很多市场开发人员往往会陷入这样一个误区，就是产品的品种越多、品相越全意味着销量越多，市场开发的效果就会越好。

其实对于新市场而言，由于企业和产品的知名度不高，消费者对产品尚不熟悉，还处于逐步认识的阶段，对新产品的接受也需要一个过程，而过多的产品品种往往会干扰消费者的认知，打乱消费者的购买意愿，造成消费者难以选择的困境，最终影响消费者的购买行为，不但不会起到增加销量的目的，反而会影响销量。

市场开发人员由于产品品相较多，往往会出现对产品关注不够或者注意力不集中、促销资源分散的情况，造成市场开发过程中产品品种推广时分散使用资源，主次不分，产品的市场推广处于解决问题的被动局面，难以在市场上建立有竞争力的产品。

杭州某家饮料公司在杭州当地有着非常高的知名度，旗下的六大系列二十个品相的产品，在杭州当地消费者心目中不但有很好的口碑，而且市场占有率和销售量都处于绝对的领先地位。2007 年在

完成对自己根据地市场强有力的分割和占领后，开始大手笔杀向常熟市场，一进入市场就将自己旗下六大系列二十个品相的产品全部亮相常熟市场，通过强有力的促销支持和人员的终端推广工作，产品很快在常熟市场的终端销售网点实现了高达90%的铺货率，全品相的到达率也达到80%左右。

但是，与高达90%铺货率和80%品相到达率不对应的是，随着铺货高峰过去，在后续的一个月时间，销售几乎停滞，经销商也因为产品太多难卖和售后服务不好等原因不愿意进货，其余的部分铺货终端因为有剩余的大量货物，不愿意再补其他货，结果整个市场在高歌猛进后陷入消沉。

小提示：正确的做法是选择在市场上最具竞争力的产品或者消费者最容易接受的产品品种或者品类作为主打产品，市场开发的一系列工作都围绕这个产品，所有市场推广中的人力、物力和促销都围绕一个产品进行，通过利用一个产品的强势推广作用和效果，在消费者心目中快速建立知名度并加深印象，待消费者接受主线产品并产生一定重复消费的消费量，市场产品具备一定的影响力时，再考虑在产品品种和口味上来满足消费者的多样化需求。

误区三：渠道覆盖面贪广、求快

很多开发新市场的市场人员，在对新市场开发工作中对产品在市场渠道的铺货工作中存在的误区是，恨不得短时间内使自己公司的货物立马铺满所负责的各个渠道和终端，这样就会快速产生销量，因此对销售渠道的覆盖面和时间都会有一个时间表，以求快速达到占领各个渠道和覆盖点的目的。

结果渠道覆盖面广了，产品在各个渠道上的动销慢了，不仅没有达到快速提升销量的目的反而影响了销量，造成货物在终端的积压甚至退货。

任何一个产品进入新市场，都面临着需要消费者的认识和接受的过程，而渠道正是消费者认识和接受的一个推广平台，这个推广平台往往只有在有较高利益的诱惑之下或者独家销售时才能出成绩，如果快速占领各个渠道无疑会失去这个平台，造成货物动销停滞也就在所难免了。

H企业是一家果汁饮料生产企业，其生产的××果汁由于口感好、价位适中在部分市场有较高的知名度和很好的销售量。2005年在进入M市场后，由于新市场开发策略的失误，在第一次进入M市场时惨遭“滑铁卢”。

原因很简单，H企业的××果汁产品一开始进入M市时，负责整体营销的李经理要求，××果汁产品要实现100%的终端全渠道铺货率、100%的3件以上的上货率，为了这个目标李经理在终端促销上强行执行3件送0.5件、6件送2件不可分割或变相调整的客户激励方案，并要求在一周之内完成，结果业务人员和经销商虽然按照要求完成了铺货工作，但是，市场的表现结果却无法让人满意，很多小的终端出现回转慢和没有动销的情况，而部分大的有影响力的终端因为没有足够的利润宁愿多推该果汁的竞品也不愿意介绍该产品，更多的只是等消费者的指名购买，一时间产品滞销严重，经销商没有积极性，要不是后来公司采取补救措施，该市场将难逃灭顶之灾。

小提示：正确的做法是选定产品最适合的渠道，循序渐进，先在单一一个渠道上进行突破，通过在一个渠道上形成的影响力和结果再去影响和延伸至新的渠道，而在渠道的覆盖面上先通过选择有辐射影响力的点进行先期突破，再通过这个点来影响周围的点，逐步地进行市场渠道面和点的扩展，这样做不但会节省渠道费用，还会在渠道逐步扩展的情况下对渠道和点进行精细化管理。

误区四：促销政策力度求大

在新市场的开发阶段，企业往往会给予一定的促销力度的支持，很多市场开发人员会错误地认为促销力度越大越会促进产品的销售，因为力度大对经销商而言机会获利空间大，就会带动终端和经销商的积极性，促进产品在市场上推销的力度，产品自然就会销得好。

但是在现实工作中并非促销力度越大越好，过大的促销力度反而会造成经销商、二批商、终端的大量囤货，一旦产品动销变慢或者产生恶性竞争，他们就会将产品低价甩卖，把产品的价位体系打乱甚至使产品成为低价货，结果是促销一停产品就死。

杨明作为一家休闲食品厂家的区域经理，负责K市的市场的具体开发工作，为了能够快速开发新市场，虽然，在前期的市场调查中杨明发现公司的产品价格在当地市场的价位处于中等水平，产品在市场上具有一定的竞争能力。但是，杨明认为要想在新市场上快速实现产品的销售量，就必须给予经销商一定的促销力度，并想当然地认为促销力度越大，成功的可能性也越大。

因此，在面对市场上一些竞品只是针对重点客户开展“买十五送一”的促销活动的情况下，不考虑问题的实际情况，在公司产品只需要“买十送一”就可以达到促销目的的情况下，依然以新市场开发为借口向厂家申请了第一个月“买四送一”的促销政策，考虑是新市场开发，公司给予了相应的促销政策支持，在第一个月杨明也不辜负公司的期望，顺利地实现了150%的销售量，但是随着市场开发时间的延长，杨明的销量不但没有保持增长，反而连续3个月出现了下滑，并且下滑速度高达50%，杨明也因此被撤职。

那么，造成这种情况的原因是什么呢？原来市场开发伊始，由于促销力度较大，对经销商而言非常有诱惑力，因此，在第一个月活动即将结束时，经销商都在月末大量从公司进了一批货，并将货物压到二批商库房，杨明也因此实现了150%的销量。

但是第二个月之后，由于开发前期所铺的货物在终端尚未回转，整体市场货物表现为积压的态势，部分二批商看势头不对，害怕货物压到手里，开始将促销活动货物进行折算，以低于市场进货价的价格将货物抛售，由此造成整个市场价位的混乱，而部分经销商由于促销活动的停止和价格的跌落，后期进来的货物比前期的发货价还高，因此，也就不再进货了，最终新市场的销量一路下滑，市场再经过短暂的辉煌后静寂无声。

小提示：正确的做法是根据市场的消费水平和竞品的产品价位体系，结合企业自身产品的价位、产品影响力、产品的外观或者产品的独特销售点，制定适合的产品促销政策，这政策的原则是保持市场后期价位的稳定，同时还需要总体控制供货量。

误区五：产品价位求低

新市场开发人员的在产品价位的认知中，往往有这样一个误区，

那就是我的产品和竞品相比价位低，产品就一定能卖得好，本着这样的心理，市场开发人员在给产品定价时，往往会倾向于把产品价格定位在比竞品低的价格水平上，希望以此能促进产品销售，然而事实情况果真如此吗？其实这只是市场开发人员一厢情愿的想法。

我们常说一分价钱一分货，价格是产品价值的表现形式，代表了产品的在消费者心目中的位置，消费者对产品价格的认定往往与企业如何进行诱导和宣传有着直接的影响，对产品价格的判定受产品包装、规格、厂家、当地消费水平、需求弹性等各种因素的影响，是综合比较后的结果，价格低并不意味着产品就一定能卖得好。

M企业面对新进入的市场，根据当地市场的实际情况开发了一款口感非常不错的产品，市场机会很大。为了快速在新市场上形成销量，企业采取了低价的市场策略，产品价格低于竞品20%，本希望产品一上市就能畅销，但是，事与愿违。

由于当地的消费水平较高，消费者在一分价钱一分货的心理暗示下对此价位的产品并不认可，而且该产品为了降低成本，对产品的外包装做得相对简陋，消费者一看包装就认为该产品就是便宜货。因此，虽然该产品有非常不错的口感，但是，在新市场上却没有良好的表现。

小提示：正确做法是在产品价位的确定上，市场开发人员需要结合品牌影响力、知名度、产品特性、包装形式、需求弹性、市场环境、当地消费水平、竞品状况等因素综合考虑，这样一来可以防止将产品的价格定得过低，后期失去回旋的余地；二来可以防止将价格制定得太低使产品失去利润空间来支持以后市场促销活动的开展。

误区六：促销活动求多

由于新开发市场消费者的认知度低，产品的销售量有限，因此很多市场开发人员都会用开展促销活动来拉动销售，以求在短时间内提升销量，扩大产品的影响力，但是往往在市场开发活动中出现这样的误区，一旦销量下滑，市场开发人员不是去寻找问题产生的根源，而是立即开展促销活动，通过促销活动来解决，结果由于促销活动做得过于频繁，让消费者失去了新鲜感和注意力，终端也不知所措，不仅达不到促使终端进货的目的，反而让消费者在购买时产生疑问：可能下次还会促销，下次再买吧。从而让销售机会流失。

某著名品牌的纯生啤酒，新进入深圳市场之初便在深圳市场展开促销攻势，以“进十箱送三箱”的特价方式，配合开新店就送冰箱等策略进入终端市场，前期以强大的利益攻势，一举拿下深圳近四分之一的纯生啤酒市场份额。后期随着青啤、金威等竞争对手的跟进，这家公司促销越来越猛烈，由过去重点终端的“进十送一”活动，扩展为每家终端普遍的“进十送一”活动；原来的重点终端由“进十送一”转为“进十送五”、甚至是“进十送八”！

由于活动过于频繁，对商家的吸引力也大大降低了，已经起不到使终端客户多进货的作用，又不能停，停就等于等死、等于退出市场，进而使消费者产生对该产品的低质联想，品牌形象大打折扣，该产品经过这一阶段，销量开始持续下滑、一蹶不振。

小提示：正确的方法是根据市场的实际情况，结合产品销售特点，按照相应的时间做好合理的促销计划，并按照计划实施，防止促销过频。对于一定时期内的销量的下滑，解决办法是不要急于选择促销活动来提升销量，而是需要从市场的根源去寻找问题的解决办法，防止由于促销的过频造成客户失去新鲜感。

误区七：经销商求大、求强

新市场的开发对于很多企业而言都面临着经销商的选择问题，很多市场开发人员往往喜欢去找强势和大的经销商来作为合作伙伴，因为大经销商资金实力大，而且大经销商的网络渠道好，更重要的一点是大经销商可以使销售量快速提升，但是大经销商并没有起到这样的作用，原因一般有以下几种情况。

1. 由于大经销商对产品贡献的利润要求太高，新产品往往不会在短期内实现，从而失去重点推广的热情。

2. 大经销商由于代理的产品过多，缺少足够的精力和注意力来关注新产品。

3. 大经销商由于规模和实力较强，对厂家业务往往不放在眼里，对厂家业务人员指定的工作计划或者市场策略执行不到位，存在管理难的问题，不会完全按照企业的意图进行市场开发，所以造成市场开发困难达不到预期的效果和目的。

小王是四川某市一中小型白酒企业的区域销售经理，负责浙江市场的开拓。根据公司的一贯做法，开拓新市场的第一步工作就是找经销商，经过努力，终于有一家经销商进入了小王的法眼，因为该客户在整个浙江市场都是排位靠前的经销商，不仅规模大而且资金实力也大，更重要的一点是该客户也有意愿经销小王企业的白酒，为此小王非常高兴，庆幸自己找到一个实力强大的经销商。

但是在开始合作后小王发现事情并不是这么简单，该经销商因为自己的规模大、经销的产品多，对小王厂家的白酒根本就不上心，对于和小王商量好的工作想做就做，完全没有把小王当回事，而且一旦利润和促销没有达到预期的目标就以种种理由要挟，市场开发的情况可想而知。

小提示：正确的做法是针对新市场开发在选择经销商时，首先，要选择经营理念和企业一致的经销商，这样才能理解厂家的意图并积极予以配合；其次，要选择代理产品少的经销商，这样经销商才能更多地关注新产品，加强对产品的推广力度和人员的配备；最后，要选择和企业产品需求资金相对等与企业发展规模匹配的经销商，这样市场开发人员才能将自己的市场开发计划和市场策略执行到位，在执行到位的前提下如果市场运作方法得当，市场销量想不上去都难。

误区八：开发人员要求多

在市场开发工作中对于公司人员的配备，很多市场开发的负责人往往要求人员越多越好，毕竟人多力量大，干事情会方便快捷。但是往往会出这样的问题，由于人员过多，一方面会带来管理的问题；另一方面由于人员过多会产生依靠心理，工作互相推诿，没有斗志，市场开发工作执行不到位。

M 企业为了开发 A 市场，派区域经理小王全权负责该市场的整体管理工作，并为此给小王派了一支 15 人的销售队伍，以求 A 市场能够一举成功。但是，进入实质性的市场开发工作后小王发现，由于人员过多，光为了解决人员的吃住问题就把自己搞得疲惫不堪，再加上整天为解决人员之间一些鸡毛蒜皮的小事，根本就无法专心市场的开发工作。

在分派工作时，因为人员多工作量有限，很多工作都由两三个人一起合作，本以为两三个人一起合作，工作效率会提高，但是，在汇报工作时出现的纰漏和问题，互相推诿，市场开发工作无法有效地进行。为此，小王在和公司领导商量后，将部分人员发配回公司，只留下了 4 个人，虽然人员减少了，但是市场开发工作的效率却大大提高了。

小提示：正确的方法是兵在精而不在多，市场开发同样如此，需要选择精兵强将，选择能够把事情办好的人，并根据市场情况结合个人的特点做好人员的工作按排，一个萝卜一个坑，人人有事去做，人人有目标有考核。一般来讲，一个新市场的开发配备的人员应该以管理极限 6 人左右为好。

最后，市场开发，区域经理还需要避免在时间上设置过严、对销量考核过高，防止出现市场开发不彻底和短期内为追求效果盲目对市场压货的现象，对于这些情况需要企业在市场的开发实践中根据市场实际情况进行调整和逐步实施，对于已经完成开发的新市场同样也不能一开发完成、达到开发效果，就全部撤走人员，而是需要留下少量的人来进行跟踪服务和对市场进行一段时间的检测、指导，待市场相对稳定后，一步一步放手，防止出现市场销量的大幅度下滑。

第27节　为人处世应避免的几个误区

先做人，后做事。在工作中，很多区域经理工作能力不是很突出、业务水平不是很高，但是依然会赢得经销商与公司的信赖，在职业生涯中一路走高，究其成功的原因很重要的一点是在为人处世方面的成功。因此，要成为一名成功的区域经理不仅仅要具备很强的工作能力和很高的业务水平，同时在为人处世方面也要有所作为，避免陷入以下误区。

误区一：在客户面前议论公司是非

很多区域经理整天围着销量业绩转，被销量和业绩压得喘不过气来，几乎整日在外奔波，体力劳动强度之大，超乎常人的想象。但由于工作内容不同，公司总部的人往往“站着说话不腰疼”，不能为区域经理设身处地着想，故而出台的某些苛刻的制度或繁杂的手续可能会让区域经理“愤怒”。

公司可能出于全盘考虑，在很多的销售政策制定上与区域市场的期特上存在一定的差距或者不相符的地方，因此区域经理就会失望。如果市场再出现波折，区域经理内心的压力和委屈就可想而知。但是这些问题只是企业内部的矛盾，区域经理务必要站在一定的高度去理解、去包容，绝不可在客户面前议论是非，因为在客户面前攻击自已的公司、议论公司是非，损失的不仅是公司，丧失的不仅是经销商的认可，更可能毁掉自己的职业生涯。因为忠诚是职业经理人所必备的、首要的品质。如果你对公司彻底失望了，那你就痛

痛快快离开，但只要你还在公司一天，你就应该踏踏实实地为公司服务。

国内某知名饮料公司的区域经理王凯到客户那里洽谈合作的事情，谈判之初王凯也表现出了公司区域经理的气魄，对营销战略、产品优势侃侃而谈。

但是面对客户指出其公司在经销政策和经销合同的很多漏洞时，王凯没有过多解释，而是满腹牢骚、语气激动地倒戈攻击公司和主管，认为他们什么都不懂，甚至还在客户面前说："说实话我们公司内部管理一片混乱，我早就不想干了，因为你精明，才没上我们的套，这次和我签过合同的几个经销商都肯定死定了，我们公司不出一两年肯定会倒掉，和你说句实话，我们根本还没有能力生产宣传画册上的产品，都是用的别人的产品。"客户肯定不会和该企业合作了。

误区二：与经销商"打"成一片

很多区域经理常年在外驻点，远离公司和亲人，孤单寂寞在所难免。因此，很多区域经理不是将心思用在工作上，而是整日和经销商泡在一起吃喝玩乐，美其名曰和经销商"打"成一片，这样才有利于工作开展，但实际情况却刚好相反，不仅经销商不买账，市场也不会有好的结果。

区域经理应该明白，我们和经销商最根本的纽带是利益，区域经理到地方市场最基本的工作是协助经销商搞好销售和宣传，应该深入市场，而不是在生活中和客户打成一片。经销商的信心和决心来自公司的信心和决心。如果区域经理没有把心思放在市场上，且毫无上进心，不能给经销商带来利益，无论怎样和客户套近乎，也不可能赢得客户的尊重，经销商也不会全力以赴地经营我们的产品。区域经理保持自己的人格魅力和职业素养，与经销商保持一定的距离是必要的。

作为总部派驻的人员，更要比经销商的业务人员多付出努力，给团队树立积极向上的、庄重的、诚恳的、踏实的榜样，这样才能赢得经销商的尊重。区域经理要充分利用一切可能的时间，不断学习、充实自己，只有这样，对公司的发展、对个人的前途才是有利的。

区域经理王强是某白酒企业的一名区域经理，由于长期出差在外，远离公司总部和亲人，空闲时间颇多。王强原本可以利用这些时间来学习或者深入市场了解市场一线的情况，但是王强没有这样做，每日无所事事，为了打发这些无聊的时间，王强每日和经销商泡在一起，不是和经销商吃喝玩乐，就是和经销商一起玩麻将、斗地主，王强认为和经销商关系处好了，市场回款就一定没有问题。

然而，让王强没想到的是，该区域的经销商在和公司营销总监打电话时，向公司营销总监抱怨道：“你给我派来的区域经理还不如不派，每天上班时间打游戏，下班和我的员工打麻将，哪里有心思做市场？又不是我的人，我又不好管。晚上打麻将，白天没精神，一下班就跑了，想和他探讨问题都没机会。而且，因为他带头，把我公司的气氛都搞坏了……我们投入那么大……”

误区三：联合经销商对付企业

一些区域经理为了自己的一点利益和经销商合伙套取企业的销

售资源中饱私囊，或者和经销商合作向其他区域市场窜货以获取奖金提成，结果引发自己和企业的矛盾，经销商虽然获取了利益，但今后也会对你“刮目相看”。这种做法不仅破坏了区域经理在企业的形象和地位，区域经理在经销商面前也失去了地位和必要的尊重，更有甚者破坏了市场的稳定性，严重的会造成企业的邻区域市场销售瘫痪。

误区四：和下属同流合污

有的区域经理认为自己的下属是自己在区域市场的战友，双方同处一个战壕、荣辱与共，对自己的下属在生活上关怀备至，这本没有什么问题，但是有些区域经理却以此为借口，每日工作时间不是指导和安排下属如何开展市场工作，而是带领着下属吃喝玩乐，打牌打到天亮。以为这样可以增强团队凝聚力，更有甚者，和下属一起谎报军情，掩盖市场问题，最终造成整个区域团队沦为一盘散沙。

误区五：不思进取自由散漫

区域经理常常是处于“两不管”地带，公司总部鞭长莫及，而经销商又因为“不是我的人”而不管。因此，区域经理的工作时间和工作内容是相当自由的，但有的区域经理却自由过了头，不思进取，不想着如何用这些闲暇时间考虑如何提升市场销量，而是选择得过且过。区域经理该干的事不干，每日早出晚归，白天泡网吧、晚上上酒桌，对工作不管不问，每月只有到打款时才能见到人，办完款就消失了，更有甚者，平常不仅在经销商处见不到人，就连他的手下也难觅踪迹。为了应对公司的检查和经销商或下属商量好，如果公司打电话查岗就说“刚出去了”瞒天过海，最终“东窗事发”落得个被撤职的下场。

误区六：贪图小利

经销商对公司的印象来自于区域经理是“君子”还是“小人”。很多经销商精于社交，在应酬方面做得非常周到，而作为一个职业经理人就该不为小利所动。有的区域经理不是想一门心思把市场做好，而是在公司报支的费用上打小算盘为自己捞取一点灰色收入，更有甚者，一些区域经理和经销商一起出差，差旅费让经销商负担不说，还向经销商索要发票回公司报销，像这样的区域经理让经销商打心眼里瞧不起，当然公司也不敢委以重任。

误区七：对经销商盲目承诺

区域经理一定要明确自己的职责和权利，与经销商不卑不亢地交往，既认真考虑经销商的提议，全力支持经销商，但同时对经销商的指责和过分的要求，又要能稳住阵脚耐心地解释，该坚持的原则必须坚持。

但是有些区域经理为了促使经销商打款进货，或是追加广告投入，有时会头脑发热，不顾公司的销售政策，盲目地给经销商承诺，结果不能兑现，导致该经销商对区域经理形成不良印象、产生信任危机，后续工作难以开展。要知道一诺千金，“信”是立人之本，区域经理决不能轻易承诺，一旦承诺，则“言必信，行必果”。

误区八：不及时主动沟通

有的区域经理在外就像断了线的风筝，自由自在。除了必须应付的报表外，经常十天半个月不与公司相关主管及相关部门沟通。结果导致公司对他没信心。区域经理每周至少一次主动向公司汇报市场状况及自己的见解、心得体会，这样既可使自己感觉到有组织可以依靠，找到归宿感，也可加深公司对你的了解，更加放心让你去发挥。

误区九：居功自傲目中无人

有的区域经理自认为在前线流血流汗就开始居功自傲了，对总部人事、企划、客户服务、技术支持部门爱搭不理，甚至言辞激烈。有的区域经理对总部心存逆反心理，往往会把个别问题和简单矛盾，人为地放大，在潜意识里排斥总部。其实无论是公司的哪个部门都有其工作的重要性，我们都有必要在理解的前提下协调好，作为区域经理得罪了总部和相关部门，轻则导致这些部门支持配合度不够，拿到的资源少，对业务发展不利，重则会成为众矢之的，做刀下鬼。

误区十：好大喜功谎报军情

作为深入市场的前线战士，区域经理一定要及时地向公司反映市场状况。有的区域经理好大喜功报喜不报忧，每次汇报都是形势喜人，但实际上却是屡战屡败，销量节节下滑。有的区域经理则是“表态时豪言壮语，汇报时花言巧语，总结时胡言乱语”，每到月底填写业绩报表时，为了面子上好看，报表上的数字浮夸，因为公司了解不到市场的真实情况，不能作出有利于市场的决策，最终“纸包不住火”，公司终究会了解到真相，从而丧失了对区域经理的信任。

第28节　如何正确对待你的业绩

案例一：错把品牌销售力当做个人能力

豫南地处大别山腹地，山清水秀、四季宜人，不但盛产名扬全国的信阳毛尖，而且还拥有国家一级饮用水源，几乎具备饮料企业生存的所有条件。2005年，地处中国名茶“信阳毛尖”故乡的地方企业，果断抛弃当初赖以起家而如今却早已过时的植物蛋白饮料——栗子汁，斥巨资聘请国内一流的咨询公司，打算利用自己独特的“毛尖茶”优势，主推以“溪水”为主的品牌，“毛尖绿”、“毛尖红”为副品牌的系列茶饮料。王军是“溪水”茶饮料豫南区的区域经理，他负责的豫南市场，地处公司本部，是首推的主力市场。

这里饮茶文化深厚浓郁，当地人习惯于本地的水质和茶味，无论是康师傅、统一还是娃哈哈，都夺不走当地消费者的忠诚度。而本地的其他几家茶饮料企业技术落后、包装粗糙、缺乏品牌推广意识，难入消费者法眼。

“溪水”茶饮料适时出现，正好弥补了消费者的潜在需求：精美的全膜包装上晶莹的绿色露珠，水墨效果的行草“毛尖绿”字样透着别样的优雅与清爽；缀满蓝钻般冰块的红色背景上，同样是水墨效果的行草“毛尖红”散发着诱人的激情与清凉……

有了好的产品基础，“溪水”制定出紧贴国内一线茶饮料品牌的价格体系，确保各级渠道商的利润，推行区域独家代理模式，让渠道更简单、易管理，初期有效地避免了窜货砸价等现象。“溪水”茶饮料又与媒体合作开展“青春选秀”和“茶艺大赛”等活动，大搞娱乐营销，目标直指自己的核心消费群，并快速引爆消费潮流。

有了正确的品牌推广思路，“溪水”的品牌推广深度和宽度不断拓展。一年后，整个豫南市场形成了饮用“毛尖绿”茶和“毛尖红”茶的销售热潮，消费者指名购买度非常高，豫南市场也当仁不让地成为全公司的样板市场。此时的王军名利双收，奖金拿得手软。随即，公司一纸调令，将其委任为陕西省区域经理，担负起开拓西北市场的重任。

王军雄心勃勃赴任陕西一年后，由于“溪水”茶饮料品牌的区域局限性，加上王军领导力的先天不足，面对大区域市场，全局意识不够，市场反应迟钝，开发陕西市场以失败告终，王军也被公司就地免职，回到了原点。

小提示：王军的失败，在于把品牌的销售力当做了个人的能力。在品牌强大的销售力和公司整体策略推动力的双重作用下，面对天时地利人和的有利条件，王军的成功只是来源于对公司策略的执行，而不是个人思路和能力的正常体现。当他成了一方大员，有了真正的自主决策权后，本应该有更多独立思考能力和解决问题的工作能力，但是，因缺乏必要的锻炼，在上任陕西省区域经理后没有独掌全局的能力和经验，面对陌生的市场，没有了天时地利人和的有利条件，在工作中不能从实际出发，要么按照先前成功的一套，死搬硬套；要么手足无措、疲于应付。失败是必然的。

案例二：误将别人栽的树当成自家种的苗

马明是“金樽”白酒鄂北区区域经理。2005年，在公司内部竞聘会上，凭借自己优秀的口才，他赢得了公司领导的认可，被派往公司最有潜力的鄂北市场。在此之前，“金樽”白酒已在鄂北做了一年。前任区域经理是位踏实肯干的工兵型经理，在职期间，带领团队狠抓市场基础工作，铺货率做到全公司第一；生动化做到区域内与可口可乐相媲美；长期坚持的拜访制度，与终端建立了良好的客情关系。

遗憾的是由于“金樽”白酒进入鄂北第一年时，本土“枝江”白酒相当强势，加上推广时间短，还未得到鄂北消费者认可。所以，尽管上任区域经理辛苦耕耘一年，眼看到了开花结果之时，却被习惯于依靠渠道快速上量的公司老总“斩于马下”。

马明上任后，看到满大街极高的铺货率兴奋不已，但是也对终端的不动销忧心不已。在经过一段时间的考虑之后，耐不住性子的马明拿出自己的惯用“法宝”，向总公司申请费用实施终端买赠促销，刚好公司也有此意，双方一拍即合，如火如荼的一阵促销之后，市场竟然真的被点爆了！

原来，“金樽”白酒本身品质很好，是正宗的粮食酿酒，此前已在省会武汉流行了一年。按照白酒由中心辐射周边，高端带动低端的消费规律，鄂北市场也应能畅销，而且上任经理之前做了扎实的市场基础工作，已经让很多消费者知道了“金樽”白酒。对精明的消费者来说，差的就是一点点利益诱惑。而马明在合适的时间、用合适的方式满足了他们的需求。

“金樽”白酒在鄂北市场的销量呈井喷之势。与“枝江”一起成为本地白酒双雄。鄂北市场也一跃成为“金樽”白酒销量最大、增长最为强劲的外埠市场。马明自然成为公司的销售明星。

2006年，马明被公司提升为湖北分公司经理，公司寄希望于他能再续鄂北市场的辉煌，将整个湖北市场盘活。然而，事与愿违，面对整个湖北市场，马明这种急功近利，企图依靠短期促销快速催熟市场的做法，无法产生鄂北市场的效果，市场扩展工作节节败退，因为碰上鄂北这样铺货率高、生动化强、客情关系牢固的市场，也许一促就成，可是马明现在遇到的大部分市场却是那些终端连货都见不到的市场，有限的促销资源就成了渠道商任意宰割的肥肉，市场能做起来才怪！

一年下来，湖北市场除武汉外，80%的销量全靠鄂北一地苦苦支撑。高额的费用投入，没有换来预期的目的，最终于公司不得不紧缩银根，“华而不实”的马明也被公司解甲。

小提示：马明的失败，在于误将别人栽的树当成了自己种的苗，成功只是因为前任经理栽好了树，做好了市场基础，自己只是一个摘果子的人而已。因此，对于区域经理来讲，市场操作如果不能俯下身子踏踏实实地做市场，只是寄望于一招一式的投机，也许会和马明一样取得暂时小胜，但是却不可能持续成功。站在巨人肩膀上，还以为是自己长得高，跌下来一点也不稀奇，作为区域经理面对成功时一定要多想几个为什么。

案例三：被费用一手托大却自认本事通天

徐天是“海川”啤酒A区分公司经理。两年前，他从一家饮料企业跨行进入啤酒行业，马上被“海川”啤酒的营销老总委以重任，负责公司准备大力开发的A市场。由于近些年A地区新进入的“山城”

啤酒来势汹汹，大有逼区域老大“海川”退位的架势，所以，“海川”啤酒给A分公司的年度市场费用预算几乎是其他分公司的两倍之多，而且又有5000元以下费用无需上报总公司直接决定投放的特殊权力。有了充足的弹药，加上收放自如的运作空间，徐天信心十足。

俗话说，有钱能使鬼推磨，公司既然拉开了阵仗准备用钱来捍卫市场地位。对于产品同质化程度比较高的啤酒来说，成功概率极大。于是，“海川”啤酒用独家代理制构建渠道；用专销奖排斥竞品、肃清渠道；用仓储、运费补贴奖励稳固渠道；用签订二批商联销体协议掌控渠道；实施无条件买断条约锁定终端。

通过以上一系列排他性渠道策略，“海川”啤酒彻底粉碎了“山城”啤酒意欲偷袭的妄想。很快，“海川”啤酒便在A区巩固了自己的根据地市场，紧接着，他们再接再厉，开展大规模的“揭盖有奖”等促销活动，还投入巨资进行“全民健身”、“街头篮球”等品牌推广活动，最终把A市场打造成“海川”啤酒的全国样板市场。

虽然“海川”啤酒在A市场付出了高出其他市场2.8倍的营销费用，但这并不影响徐天的升职之路。他被任命为华北大区经理，负责京、津、塘地区的销售。这一次，面对比“海川”更敢砸钱的“燕京”啤酒。“海川”最终未能叩开华北的大门，徐天也被革职发配。

小提示：成也费用败也费用，徐天的成功得益于费用和公司的支持，徐天的失败，也是因为费用和支持的问题，很多区域经理经理理完全靠费用做市场而成功，但是很多区域经理却没有充分认识到这一点，在成功后自认为本事通天、能力超众，其实不然。在失去这些费用和必要的支持后，很多自认为能力超群的区域经理往往都弱不禁风，因为任何一个企业资源都是有限的，一味靠钱砸市场，不从营销规律中找出路，只能导致糊里糊涂的成功，糊里糊涂的失败。

案例四：抹杀团队贡献，把功劳据为己有

王海是一家调味品公司西北区区域经理，仗着年轻气盛、敢说敢做，在公司颇得高层赏识。西北一直是弱势市场，公司今年抽调全国的精兵强将会聚于此，要打一场漂亮的翻身仗。王海有幸被公司任命为西北区域的最高“统帅”，负责整个市场的全权运作，由于公司一直推行客户经理负责制，所以，一个称职而又优秀的客户经理往往能决定一个市场的成败。现在，公司一下子把几乎全国的金牌客户经理都集中在西北，目的很明确：必须成功。

来自全国各地的销售精英们，没有辜负公司的期望。他们八仙过海，各显神通。对网络弱势、资金不足、人员不整、运行匮乏的经销商，客户经理毫不手软直接拿掉；对信心不足、专注度不够的经销商，客户经理身先士卒，引导他们全身心投入；而系统健全、上升势头良好的经销商，客户经理除了鼓励他们加大投入外，还向公司申请费用帮助他们共建市场。

经过团队的共同努力，西北市场很快有了起色。一年后，一跃成为强势市场。而王海也被委任为省级经理。公司希望他能把西北的成功经验复制到全省。可惜，王海在西北时，太过依赖下面这些客户经理，因为他们个人能力较强，许多市场问题都在自己的权限内轻松化解，而王海根本没有深入一线了解市场情况，自然不知道市场存在的各种问题，更别提解决问题的思路和方法。他甚至不知道西北市场究竟是如何起死回生的。

在面对全省市场时，每天收到客户经理各种各样的问题汇报，王海总是显得茫然无措。除了一天到晚说些狠话硬逼手下，几乎没有任何应对措施。后来，整个市场还是得靠西北市场在那儿撑着门脸儿，王海被撤职，便成了顺理成章的事了。

小提示：王海的失败在于他开发西北市场时的工作只是浮在市场表面，并没有脚踏实地地深入市场、认识市场，这样怎能把握市场呢？他的成功来自于整个团队成员的努力，但是王海并没有清楚地认识到这一点，他把团队的力量当成个人的力量，把团队的成功当做个人的成功，认为自己能力还不错，但当他面对一个新的市场和一些没有任何工作经验的手下时，王海过去高高在上的那一套就没用了。其实，王海的结局从一开始就注定了。

我们说前事不忘后事之师。区域经理应该如何正确对待取得的成绩呢？

1. 要头脑清醒、正确认识自己业绩是如何得来的，及时进行总结、思考和提高，为迎接新的挑战做好准备。

2. 要戒骄戒躁学会谦虚和谨慎，不要妄自菲薄。

3. 面对业绩要认清自己，了解自己的不足之处，去努力完善和提高能力。

第四章

区域经理工具箱

第29节　市场开发计划书

一份好的市场开发计划书不仅可以稳定业务队伍，鼓励经销商的热情而且还可以获取公司政策、资源、人员等诸多方面的支持，使市场开发工作事半功倍。

那么，一份好的市场开发计划书应该包括那些内容呢？从哪入手呢？

目的明确

“师出有名”，一场战争的发动者在战争发动之时总会找一个冠冕堂皇的理由让人们能接受和理解，同时，在这个“名”的掩盖下提出自己的目的让执行者有目的地前进。市场开发同样也需要“师出有‘明’”。所谓的这个“明”就是要明确市场开发的目的，只有目的明确了，才能告诉团队和决策者想要做什么，在这个大前提下才能取得决策者的支持，赢得团队的理解和配合，因而在市场开发计划书的开篇明确市场开发的目的是首要的任务。

小提示：计划书的目的明确了，才能告诉你的团队和决策者想要做什么，这样才能取得决策者的支持，赢得团队的理解和配合。

反映市场特性

市场开发计划书在目的明确后找到这个市场的特性，才能对市场的开发工作具有指导意义，这样的一份计划书才能让决策者对你所要开发的市场有一个大致的了解，这也是你获取资源的前提条件。一般情况下，想要正确地认识市场特性，需要对市场进行调查。市场调查主要从以下几个方面入手。

1. 整体市场环境的调查，了解市场人口容量、文化程度、年龄结构、当地经济特色等大的指标，来确定目标客户群。

2. 经济环境的调查，了解整体市场的消费能力和水平，为后期市场目标的确定提供依据。

3. 人文环境的调查，了解消费者的消费动机、特点等相关指标，找到我们的消费者。

4. 对零售渠道和零售业的调查，了解主流市场在哪，确定我们市场后期进攻的方向。

通过调查我们就会对市场有一个清晰的认识，通过分析找到市场的特性，找到后期工作的突破点和捷径。

> 小提示：找到市场的特性，也就是找到了后期工作的突破点和捷径。

客观反映市场情况，找到进入市场的机会

市场竞争无处不在，每个市场不可能只有一个单品牌，会遇到不同的竞品，正是不同品牌的同类产品构成了市场的价格体系和竞争格局。

1. 要正视这种格局的存在，从中了解和找到内在和本质的东西，找到市场的空白。

2. 对于一个产品的品类来讲，由于产品的实用功能不同，对消费者而言，就会存在购买习惯和场所的选择问题。

3. 由于时间或者销售时机不同，市场开发所采取的方式和方法也不同。

4. 由于各种复合因素的相互作用，市场开发存在不同的变数，但是通过找到这些不同之处，就能找到市场的突破点、切入点和时机，成功的概率也会大一些。

因而，市场开发计划书真实地反映了这些问题，也就向决策者指出了市场开发的机会，让决策者看到了开发的希望，就会获取支持、加大实施的可能性。

小提示：计划书真实反映了市场情况，也就向决策者指出了市场开发的机会，让决策者看到了开发的希望，获取支持、加大实施的可能性。

分析竞争对手的优势与劣势

不是所有的竞品都是我们的竞争对手，只有和我们旗鼓相当、品类接近的竞品才是我们真正的对手。因而，对竞争对手的选择或者说找到竞争对手，就需要对市场的竞品进行斟酌和筛选，可能我们会找到两三个对手，这就需要再次聚焦对手从中找到一个对我们最具抗衡力的竞品成为我们的对手，只有找到了竞争对手才能找到要超越的目标，使市场的开发工作具有针对性。

在选定好竞争对手后，我们还需要做的工作就是对对手有一个清晰的认识，全面分析对手，了解对手的优势、劣势和我方可利用的机会，明确对手给我们带来的威胁，只有做到这些，才能让对手完全暴露在我们面前，市场计划书才能有的放矢，市场后期开发工作才能成功。

正视自身的优劣势

正确认识自身往往是最难的，要么高看自身，目空一切，致使市场开发计划无法实施；要么低估自身，造成不必要的资源浪费。因此在做市场计划书时区域经理必须对企业的情况了如指掌，正视自身的优劣势，才能在市场开发计划书中制定符合自身的实施方案，扬长避短、发挥优势、克敌制胜。

小提示：知己知彼才能百战不殆，在市场开发的过程中才能扬长避短、发挥优势、克敌制胜。

阐明市场开发的原则

市场开发需要有明确的思路贯穿于市场开发的全过程，指导市场开发工作在既定的轨道上运行，市场开发计划书的开发原则可以说就是后期市场开发工作的指导思想，这个原则的提出不仅要符合市场的现状同时又要对后期的工作具有前瞻性的指导意义，因而市场开发计划书不仅是解决一个市场开发的思路问题，同时也是保持团队在市场开发中方向一致的重要因素，也只有在原则确定的大前提下认识才能一致，才能更有效的发挥作用。

小提示：确定开发原则，认识才能一致，手段才能更有效。

写出市场开发的步骤

市场开发不可能一蹴而就，需要一个渐进的过程，有阶段有目标地进行，这样才能夯实市场基础，并最终取得到圆满的成功。市场计划书如果一次性定下过高的目标必然会造成两个弊端：一是区域经理急功近利；二是一次性任务过重完不成会损害业务人员的积极性，不利于市场的开发。因而，市场开发计划书应该分阶段写出市场开发的步骤，明确每个阶段市场开发工作的重点任务和目标，时时激发经销商的热情和业务人员的激情，以便冲刺下一个新的目标。

明确指出需要的支持

市场的开发必然会遇到种种困难，同时市场的开发单靠一个业务人员的个人能力是无法完成的，需要企业、经销商和团队协同作战才能实现，这就要求企业不仅需要提供人力的支持，同时需要费用的投入和政策支持，才能实现开发的目的。

因而，市场开发计划书必须明确市场开发所需要公司给予的人员、费用、政策等支持，才能使市场开发工作顺利进行。当然，区域经理在市场开发计划书中需要明确人员如何分工、费用如何投入、政策如何运用等相关问题，取得决策者认同、明白投入的去向，才能获得更好的支持与信任。

可预见效果、目标或对后期市场的影响意义

对销售工作来讲，通过销售额、销售量、铺货率、投入产出比等具体数字和指标说话是对其工作成果的最好证明，同时量化的数字也更有说服力。市场开发计划书有具体可量化的数字可以让决策者能更直观地了解所开发市场的容量，不仅如此，通过对后期市场可预见的效果和对市场影响意义的描述更能增强决策者的信心。

最后，一份好的市场开发计划书，还需要区域经理深入市场，结合自身的行业实际情况去完善其中的内容，同时也需要区域经理在制定市场开发计划书时多思考，做到这一点成功就离你越来越近。

> 小提示：循序渐进的有步骤、有过程、有支持、有预期的市场计划书才是一份可执行的计划书，才能增强决策者的信心、得到决策者的认同。

××市场开发计划

××市场作为公司A区域的核心市场，此次公司对××市场的开发与过去开发的市场将有所不同，找出市场中存在的问题与机会并通过对市场进行细致和深度的挖掘来提升市场销量，将是此次开发的目的。

一、市场特性

××市场特性整体表现为品牌的高度集中和消费理性成熟两大特性和卖场占主流的特点。

（一）品牌的高度集中

××市场相对封闭，受地域和环境影响××乳品市场品牌高度集中，目前市场中牛奶产品（百利包、利乐枕）主要有以下品牌（按销量排序）：B、C、D、F、G、H，较W市及周边市场竞争品牌相对较少，但销量高度集中在B和C这两大品牌上，估计两者占据市场70%以上的份额，其中B约占据50%，处于市场的绝对垄断地位。

（二）消费理性成熟

××市消费人群人均收入高、消费相对理性、消费品牌认知度较高，尤其在牛奶产品消费的表现上更明显，在对牛奶的消费上对品牌和日期的挑剔程度甚至超过W市场，希望通过终端利益驱动来拉动产品销量的可能性较小。

（三）卖场占据主流

××市场的零售业高度发达，卖场占据市场的主流，在这个仅有30万人口的城市里卖场林立，主要有民福、民家、亿家、满意、誉华六家大型买场，占据市内零售销售额六成以上。

分析：虽然××市整体呈现品牌的高度集中和消费理性成熟的特性，但在周边县城市场受收入水平的限制和消费求廉的因素影响，这两大特性的表现相对较弱，周边县城的深度开发是重点和机会点，同时××市场商超经销商与卖场的关系将是我们在后期要深度开发的重点。

二、市场情况

××市场由于品牌的高度集中、竞争品种较少以及当地两家竞品的市场地位，牛奶产品在当地的销售价格表现为卖场的高价位、多买赠和终端低价位的反差。

（一）××市商超的售价情况（详见表4－1）

表 4-1 商超的售价情况

品牌	品项	品种	规格	售价（元）	促销方式
B	纯牛奶	百利包	1×20 包×200ml	23	送四袋或五袋纯牛奶或果味酸奶
		利乐枕	1×20 包×200ml	30	无
	调酸	百利包	1×20 包×200ml	23	送五袋果奶
C	纯牛奶	百利包	1×20 包×200ml	22	送四袋纯牛奶
		利乐枕	1×24 包×200ml	28	无
	调酸	百利包	1×20 包×200ml	18	无
D	纯牛奶	百利包	1×20 包×200ml	22	无
	调酸	百利包	1×20 包×200ml	20	无
E	纯牛奶	利乐枕	1×24 包×200ml	33~36	无
F	纯牛奶	百利包	1×20 包×200ml	21	送四袋纯牛奶
		利乐枕	1×20 包×200ml	26~30	无
	调酸	百利包	1×20 包×200ml	20	送两袋纯牛奶

（二）××市终端的进销价情况（详见表 4-2）

表 4-2 终端的进销价情况

品牌	品项	品种	规格	促销方式	折合价(元)	售价(元)
B	纯牛奶	百利包	1×20 包×200ml	21 元“四送一”	16.8	18
		利乐枕	1×20 包×200ml	30 元“十送一”	27	28
	调酸	百利包	1×20 包×200ml	21 元“四送一”	16.8	18
C	纯牛奶	百利包	1×20 包×200ml	21 元“四送一”	16.8	18
		利乐枕	1×24 包×200ml	无	23	25
	调酸	百利包	1×20 包×200ml	21 元“四送一”	16.8	18
D	纯牛奶	百利包	1×20 包×200ml	22 元“五送一”	18.3	22
	调酸	百利包	1×20 包×200ml	22 元“五送一”	18.3	22
E	纯牛奶	利乐枕	1×24 包×200ml	无	32	33
F	纯牛奶	百利包	1×20 包×200ml	22 元“三送一”	16.5	18
		利乐枕	1×20 包×200ml	31 元“二送一”	20.5	26
	调酸	百利包	1×20 包×200ml	无	16	18

（三）××市周边市场进销价情况（详见表4－3）

表4－3 周边市场进销价情况

品种		品项	B		C		F		D	
			批发价（元）及政策	售价（元）	批发价（元）及政策	售价（元）	批发价（元）及政策	售价（元）	批发价（元）及政策	售价（元）
南四县	百利包	纯奶	21“四送一”	18	17.5	19	21“四送一”	18	20	22
		调酸	21“四送一”	18	17.5	19	16	18	20	22
	利乐枕	纯奶	30（注：24包装）	31	28（注：24包装）	30	30（注：24包装）“二送一”	无	无	无
北四县	百利包	纯奶	21“四送一”	18	17	18	17	18	20	22
		调酸	21“四送一”	18	17	18	16	18	20	22
	利乐枕	纯奶	30（注：24包装）	31	28	30	无	无	无	无

分析：从××市场纯牛奶和果味调酸高价多买赠的营销策略上和公司果味调酸低价策略及品项较全的优势上来对比，以果味调酸产品作为市场的突破口将是一个机会点。

同时，目前主要竞品B、C八连杯产品品种较少的情况下，以八连杯在局部市场的突破提升铺市率、提高品牌知名度也将是市场的一个机会点。

（四）市场中的问题

目前，我公司产品在××市场能与当地的两大品牌及全国和X省知名品牌共存在的××市场，很客观地说得益于公司的支持。但是存在以下问题。

1. 公司产品价位比竞品低

（1）F品牌的影响力和号召力与我们想象的有很大的差距，尤其在某市场表现得更为突出，目前在××市只完成了品牌知名度初创阶段，尚无美誉度。

（2）B品牌对F品牌的高度关注与竞争打压的长期敌对，使得F品牌一有活动马上就被堵截，这也是造成此局面的原因之一。

2. 市内终端铺货率较低，原因在于以下两点

（1）产品铺货率一度提升至75%左右，但是产品的回转较慢，退回来的货物较多，经销商无力继续承担，目前市区牛奶铺货率仅占30%。

（2）临界期产品尚未找到好的解决办法前，社区促销工作没有被纳入正常的营销工作中。

3. 经销商对特级纯牛奶推广的积极性不高

（1）特级纯牛奶目前的市场发货价由于竞品的打压，发货价在市内已经透底，在外县虽有部分加价空间但在油料成本和运输距离的制约以及退货压力下，目前经销商在维持运转。如表4－4所示。

表4－4　××市场运距表（公里）

a县	b县	c县	d县	E县	f县	G县	H县
50	94	140	80	60	60	620	590

（2）果味酸奶目前执行“七送一”政策，按目前经销商普遍发货价16元计算，毛利空间达3元/件，这也是对特级纯牛奶推广积极性不高的原因。

三、开发原则和思路

通过对上述情况的了解和分析，××市场深度开发将遵循积极稳健、循序渐进、逐步提升的原则。

具体思路

1. 以周边县级农村市场为主，以农村包围城市的方式进行开发。

2. ××市采取卖场引导，终端铺货率在稳定的基础提升铺市率，

对铺市率的要求和步伐暂缓。

3. 以调酸、酸奶和八连杯为市场深度开发的切入点，适度减少调酸的促销力度放大酸奶、八连杯和特级牛奶的促销力度，促使产品共同发展。

4. 市内开展形象店的建设，投入店招和小区促销免费品尝的社区推广活动实现地面宣传。

5. 在周边市场开展以实物陈列奖励为主的推广模式和店招投入，加强终端建设。

6. 根据公司调酸产品品种较全的情况，挑选部分产品实施超市特价销售。

××市场深度开发实施方案

一、活动时间：　年　月　日—　年　月　日

二、活动范围：××市场

三、产品促销政策（详见4－5）

表4－5　产品促销政策

产品品项	产品规格	活动政策	执行时间
特级纯	1×20包×200ml	“三送一”，赠同品并每五组奖励果味调酸一件	×月×日至×月×日
利乐枕	1×20包×200ml	执行“十二送一”	
调酸系列	1×20包×200ml	执行“十送一”赠同品	
低脂低乳	1×20包×200ml	每件予以5元推广费，以货抵款	
益生菌系列	1×8杯	全部执行“十送一”	
原味玉米八连杯	1×8杯	执行“八送一”	
果然系列	1×8杯	执行“八送一”	
板酸	1×5瓶×160g	执行“十送一”	
桶酸	1.2 kg/桶	执行“二十送一”	
桶酸	0.8kg/桶	执行“二十送一”	

备注：对于其他临时性的活动政策将随时进行提报，在此期间希望提报的活动方案在24小时能予以及时的回复。

四、宣传促销计划

1. ××市场终端实物陈列（以三件调酸、两件特级为标准）

计划：计划150店每两个月调酸一件，合计300件调酸，签协议，执行一月返还一次。

2. ××社区免费品尝小型特卖会计划：计划30场2件调酸免费品尝，合计60件调酸；超市内免费品尝活动计划：20场次2件调酸，计40件调酸，总计100件调酸。

3. 店招投放计划：整个市场投放暂定300平方米为总投放量，签订协议在6月30日之前将明细和规格报至公司市场部。此工作先行以报告报市场部批准。

4. 形象店建设计划：预计投放冷风柜30台用于酸奶产品的陈列，采取经销商先行交付押金每台1000元的办法运行，公司作为对市场广告投入的一部分不计提折旧费用。

5. 主持人大赛将根据市场部的要求予以全力配合。

五、活动执行人员及工作内容与要求

目前××市场现有人员2人，需公司派调2人予以配合。

1. 执行人员：××，监核与协调人员：××

2. 人员工作内容

（1）市场开发计划（含政策计划、宣传计划）

（2）市场区域管理工作

（3）经销商货物分配计划及协调工作

（4）促广物料准备

（5）市场终端工作宣传、“卖点广告”张贴、产品引单、空箱陈列协议签订

（6）社区活动、小型特卖现场地点确认、实物陈列协议签订

(7) 经销商、业务员、导购员培训工作，对公司的情况及活动的方案做培训介绍

3. 工作要求

(1) 市区终端跟车铺货要求走访30店/人，外县30家/人。

(2) 时间及会议要求：铺货车辆及跟车业务人员每日9:30前必须出车。

(3) 每日的社区促销活动由对应的责任人落实场地后18:00准备，18:30到场开始活动。社区活动要求每天晚上进行书面总结。

第30节　促销申请

撰写一份合格的促销申请报告，可以避免促销申请被弃之一旁或者束之高阁的命运，避免贻误战机，还可以促使决策者在短时间内认可、快速批复，为市场工作赢得先机。

公司领导：

L市场是公司战略市场，自开发以来经销商状态一直不好，为鼓励经销商，促进产品在L市场的销售，有效阻击竞品的销售，特申请A产品给予每件2元或总体给予“买五赠一”的促销支持，请批准！

L市　场徐峰

2010年3月10日

将促销申请传到营销公司后，L市场的区域经理徐峰就开始等着营销总监谭总监的批示了，徐峰认为市场都这样了，公司没有理由不批。

然而，已经过去了三天，促销申请仍没有半点消息。为此，徐

峰决定给谭总监打个电话催问一下，接到徐峰的电话，在简单地打过招呼后，谭总监就把徐峰一顿批，“徐峰，你说说你的促销申请除了要政策就是要政策，没有任何关于市场情况的分析，也没有任何具体的活动方案和结果预估，就连费用预算都没有，你让我怎么给你批复，你还是重写一下促销申请吧”。徐峰顿时无言以对。

一份好的促销申请报告一般情况下要涵盖以下内容。

市场背景

要描述下当前的市场状况，是启动新市场、还是打击竞品、提升夯实自己，市场背景描述清楚了，促销申请的签批才有基础。

申请目的

申请目的就是申请政策的期望值和初衷。比如：提高企业及产品的知名度、美誉度；提高产品的铺货率、占有率；扩大市场份额，提升产品销量；有效打击竞品；激发客户经销信心和推广热情等。促销目的简明扼要，决策者才能体会它的重要性，才能给顺利签批提供保证。

促销方式

要阐明促销申请批准后使用方式以及执行的细节。比如，要列明活动时间、活动地点、活动对象、促销活动执行方式。对于促销方式，还要说明公司需要给予的人力和物力支持等，此外，还要把

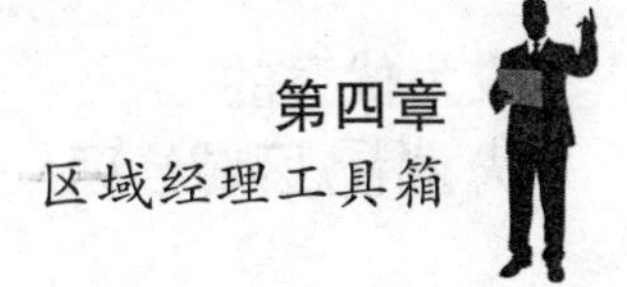

使用的标准予以量化和细化分解，使其具有可操作性。

促销预算

给予促销后，该市场所能带来的产出比，亦即促销费用预计要占总体销售额的百分比，让上级决策者一看就明白，通过促销投入，该市场能给企业带来的收益，它所占的比例有没有冲破企业的成本或利润底线，从而让决策者下决心是批还是不批，要是批的话，该怎么批等。

促销过程控制及效果评估

促销的过程控制主要指物质准备、相关责任人、政策分配、组织程序、操作规范等，一份完整的促销政策上报审批实施后，事后还要有效果评估和总结，这样能让审批部门及时知晓促销的结果，含业绩、费用使用、执行创新以及出现的问题等，从而有利于下一次促销政策的申请。

现在在很多区域市场的申请报告中，很少提及此项，原因在于怕夸大自我评估而承担相应责任，不利于下次促销申请，也担心相关部门吹毛求疵严格盘查，进而影响费用的核销。

总之，一份完整的促销报告或计划书涉及的内容很多，形式也不尽相同，但一般大体可分为：引言（市场分析、行业分析）、目的（为何促销）、针对促销的群体、所促销的品项、内容及形式、区域、活动时间、过程控制及效果预估、违章处罚约定等事项。

最后，区域经理需要记住：完整的申请报告是批复的保证，切实可行的申请报告才是最好的报告。

××区域校园促销方案

一、市场背景与分析

1. ××大学在校生9000多名，教职工800多名，学校有植科院、动科院、农工院、文理院、经管院等学院，专业达34个之多，有着较大的消费人群。

2. 学校内部有5个商店销售牛奶，销售的产品分别为A、B品牌牛奶，品牌和品项的单调给学生的选择机会较少。

3. 在学校就读的学生牛奶消费量比较少，原因有两个：第一，对牛奶没有很深的认识；第二，大学生把钱都消费在了娱乐上，费用的分摊就没有偏向健康的需要，存在很大的市场机会。

4. 学校的宿舍比较集中，有助于产品的配送和营销网络的建立，可以减少配送成本，提高经营利润。

5. 整个市场的消费群体为学生，可以通过以点带面的方式进行拉动和辐射，唤醒学生对牛奶的认知及健康意识。

二、SWOT分析

1. S（优势），产品配送及时、产品品项多、G公司的品牌支持、有着一群积极向上的学生消费群体、经销商运作该市场有一定的经验。

2. W（劣势），学生喝牛奶的比例较少，没有建立完善的销售网络，公司产品知名度低。

3. O（机会），市场增长空间大，学生对自己的零花钱有自由支配的权力。

4. T（威胁），竞品对此市场一直没有放弃，对配送网络的建立在一定时期很可能会非常薄弱，没有固定的消费群体，消费群体均为游移的消费者，缺乏忠诚度。

三、促销目的

提升G品牌牛奶在××大学的知名度和美誉度，建立稳定的销售网络，促进G品牌牛奶在××大学的销量提升。

四、促销原则

1. 费用可以接受。

2. 各方达成一致。

3. 人员安排合理。

4. 执行到位。

五、促销策略

1. 通过海报的悬挂和张贴，在××大学通过视觉树立G品牌形象。

2. 公益赞助，从心里打动消费者，树立更深远的品牌概念。

3. 牛奶知识的宣传，让学生了解喝牛奶的益处。

六、促销形式

1. 买赠促销，产品的展（展示）卖（销售），直接接触学生。

2. 免费品尝，用味觉等感观接触学生。

七、媒体和物料支持

1. 广告画：500张。

2. 空箱展示：500个。

3. 条幅悬挂：10条。

4. 手提袋：200个。

八、活动月和现场要求与布置

1. 必须在必要和可能的位置张贴公司的广告画和悬挂条幅。

2. 主持人必须对G品牌的赞助进行口头描述（具体语言由公司提供）。

3. 空箱和产品陈列必须保持完好。

九、促销时间

2006年3月至2006年10月，时间为7个月。

十、促销活动排期（时间为7个月，见表4－6）（八月为假期）

表4－6　促销活动时间安排

时间	活动主题	活动项目	责任人	备注
3月	爱心连三月　温暖融校园	奖励好人好事	刘×、陈×	
4月	激情不断　爱心无限	赞助学校体育比赛	刘×、陈×	
5月	爱心常来　健康常在	“激情五月”活动月	刘×、陈×	
6月	激情夏日广场卡拉OK	夏日情怀	刘×、陈×	
7月	关心期中考试	考场献爱心	刘×、陈×	
9月	迎新生，教师节爱心大行动	新学期新气象	刘×、陈×	
10月	金秋十月国庆歌曲比赛	今天是你的生日	刘×、陈×	

十一、促销活动责任人及工作安排

1. 张××负责与公司刘×及时沟通，解决活动中存在的问题，同时提供活动需要的材料和产品。

2. 刘×及时和陈×进行沟通，向陈×提供产品进行销售，并对活动进行全程监控和督导。

3. 陈×与刘×负责进行学校协调，同时进行产品的具体客户配送，召集人员进行工作和活动的开展，并随时向刘×反映情况。

十二、促销费用预算

1. 公司费用7890元：

A. 赠品和免品：300件×22元＝6600元；

B. 海报：2000张×0.45元＝900元；

C. 手体袋：300个×1.3元＝390元。

2. 经销商费用280元：

A. 绳子：30元；

B. 胶带：50元；

C. 条幅：200元。

十三、效果预估

1. ××大学的牛奶消费将会对××市场的销量起到拉动作用，在原来的基础上上升10个百分点。

2. 对于今后的牛奶产品在校园的销售打下了良好的市场基础。

制定人：××
×年×月×月

第31节　月末工作总结

一份好的月度工作总结报告，不仅仅是情况汇报，同时也是一份市场情况的分析报告。

老李：

您好！

又快到月底了，该是上交月末工作总结的时间了，但是该如何写这个总结我实在不知道，感觉自己这个月做了很多事情，但是写的时候却又不知该写什么，希望您能指点一二，辛苦您了，谢谢！

祝：安琪！

周　明
×年×月×日

周明是一位新上任的M区的区域经理，上任只有短短二十几天的时间，上任之后工作勤勤恳恳，随着月末的到来，周明知道该是交月末工作总结的时候了，为了写好自己人生中第一份区域经理的月末总结报告，周明在苦思冥想后仍不得其法，无奈之下想起了向自己的前辈区域经理老李请教，希望能得到老李的指点。因此，他给老李发去了邮件求助。

周明：

您好！

收到了您的邮件，月末工作总结如何写，我只能给你提一些我的意见。我认为每月做工作总结向公司领导汇报当月的销售情况并对市场进行分析，这是区域经理每月的必修课，很多区域经理的月末工作总结只是情况汇报，却没有必要的区域销售情况分析，这样会让领导不能达到真正了解市场和解决问题的目的。

所以，月末总结报告需要掌握情况，对市场进行分析，这是一个区域经理不断提高自己的一个过程，也是公司整体营销能力提升的必由之路，至于如何写月末总结我会随邮件发过去附件，供你参考。

祝：好运！

老李

×年×月×日

一般而言，区域经理的月度工作总结报告应该包含以下四个方面的内容。

1. 本月情况分析。
2. 竞争对手情况分析。
3. 内部管理情况。
4. 下月工作计划和目标。

本月情况分析

（一）本月市场销量、产品覆盖率和市场占有率的变化及原因

主要包含上个月产品的计划销量和实际销售量及任务的完成率；

上个月产品在市场A、B、C、D等各级终端的覆盖率和各个区域市场的占有率；并在这个基础上分析销售完成情况、产品覆盖率和市场占有率等情况的变动原因，找出达成或者未达成相关指标的原因。

（二）本月市场情况分析

分析市场的生动化、新品上市铺货率、促销政策跟踪等情况，通过对市场生动化的效果情况的分析找出不足或者需要改进的要点；通过分析新品推广中的问题，找出在铺货、动销方面的问题和解决办法；通过分析促销政策的执行情况和带来的效果，找出促销政策的不足和需要改进的要点。

（三）本月度各关键指标的分析

各关键指标如费用（财务）分析、价格分析、渠道分析、促销分析等。这些指标中通过费用（财务）分析有助于区域市场了解销售费用支出情况是否合理及以后的控制点；通过产品的价格分析，可以了解区域市场产品体系是否稳定；通过对区域渠道状况的分析，可以了解渠道资源的利用情况和需要改进的地方；通过对促销活动的分析，可以掌握促销活动对区域市场的影响力以及促销活动是否有需要改进的地方等。

建议采取的方法是将几个分析因素整合到一起来分析，如销售—费用分析、渠道—价格分析、销量—促销分析、价格—促销分析、促销—费用分析等。

竞品动态分析

竞品动态分析主要是了解竞品的销售情况、价格情况、渠道情况、新品推广情况以及促销活动开展情况，并对相关情况进行必要的分析。通过对竞品这些方面的分析，一方面可以让企业高层了解市场的一线情况，取得企业的支持和理解；另一方面可以使自己做到知己知彼，更好地制订新的市场工作方法。

内部管理情况

内部管理情况主要包括区域市场工作流程情况、区域的人员管理情况、区域基层执行力、人员考核与激励等内容。通过对这些情况的分析可以在进行相关的人员调整上取得相关部门和领导的支持，也可以找出自己在内部管理上存在问题并及时加以改进。

下月工作计划和目标

针对本月存在的问题，在下个月提出工作目标和改进的方法或者提高办法，并对如何实现下个月的目标安排相关工作，如人员方面的调整、市场促销活动方案的制定、经销商和业务人员的激励、市场工作重点以及渠道的加强或者改进办法等方面的工作。

月度区域市场工作总结及分析报告

片区名称：××市场　　　　×年×月　　　　区域经理：李华

一、本月工作小结

1. 完成对各个区域的市场巡查，在重新了解市场基础情况和竞品情况后，根据各个市场的具体情况制订了相应的促销推广计划，并安排人员组织实施。

2. 针对B、C、F三个基础薄弱的市场，根据市场的实际情况安排营销人员在×月×日至×日开展为期15天的集中铺货工作，目前三个市场的铺货工作对销售的促进非常有效，产品的回转情况良好。

3. 对区域G市场的客户进行调整，完成了市场交接、货物转移等相关问题。

4. 制订各个区域经销商年度经销协议的签订工作，将全年的销售任务进行分解，并签订销售责任书。

5. 根据公司的要求，重新制订了市场区域业务人员的工作绩效方案。

6. 针对销售旺季的到来，安排各市场业务人员根据各自市场情况制订备货计划。

7. 与生产、物流等相关部门进行协调，落实生产计划和货物运输计划。

二、本月销量回款（结构）情况分析

1. 本月计划完成销售230万元，实际完成销售228万元，目标达成率为99.1%，回款率为100%。

2. 本月各个区域回款情况。A客户完成回款60万元，任务完成率为102%；B客户回款50万元，任务完成率为98%；C客户回款45万元，任务完成率为101%；D客户回款35万元，任务完成率为96%；E客户回款20万元，任务完成率为110%；F客户回款25万元，任务完成率为102%；G客户回款18万元，任务完成率为95%。

说明：B客户、D客户、G客户未能完成销售任务的主要原因在于上月市场货物较多，影响了本月的销售。

3. 各个产品品相实现销售额为：水系列完成销售80万元，销售占比为35.1%；果汁系列完成销售100万元，销售占比为43.8%；碳酸系列完成48万元，销售占比为21.1%。

说明：受季节影响，水的销售量下滑严重，果汁产品的销售量增加，碳酸系列家庭装销售量有提升。

三、渠道和终端的月度情况以及出现的问题

1. 目前渠道状况G市场存在的问题较大，客户不稳定，本月经过调整后，各个渠道保持相对稳定的态势，客户面对即将到来的旺季信心十足，备货热情较高。

2. 整个区域的终端，大型卖场目前上货量较大，这和销售季节有关，其他零售和连锁及SM系统情况相对稳定。

四、各片区产品总体铺货率和占有率情况（见表4-7）

表4-7　产品铺货率和占有率

区域	品牌	品牌名称	铺货率	占有率	备注
	我公司产品	水系列	95%	35%	
		果汁系列	95%	20%	
		碳酸系列	95%	15%	
	主要竞争品牌	K品牌	93%	12%	
		T品牌	97%	10%	
	其他	Z品牌	60%	8%	

五、本月产品在各片区的市场表现

（一）产品（质量、包装、口感、售后服务）

1. 碳酸系列部分消费者反映家庭装产品含气量太少，公司技术部门考虑予以在后期调整。

2. 果汁系列部分消费者反映沉淀现象较为严重，主要集中在D市场，在和技术部门沟通后确定产品质量无问题。

（二）价格（一批商、二批商、终端、零售、价格合理性）

1. 目前各个市场的价格保持稳定，批零差价的空间控制在公司设定的范围之内，没有出现价格上的混乱。

2. 渠道（终端渠道的管理方式以及优劣势）

B客户通过扩展节日团购渠道对市场的销量有明显的提升作用，其采取招聘当地有社会关系的人员运作团购渠道，对整个市场的扩

展有很好的借鉴意义。

在本月通过和卖场携手，采取用自己代理的桶装油脂产品和公司的2升家庭装碳酸产品进行联合促销，以买桶装油脂产品送2升家庭装碳酸产品一瓶的方式进行促销，对销售有很好的促进作用，不足之处是其代理的产品和我们的产品品牌度有一定的距离。

（三）促销以及产品终端推广的情况（营业推广活动、新产品宣传、展示促销活动以及赠品发放）

1. 累计进货奖励制度在A、B、C、D、E、F各个终端执行后效果较明显，终端积极性较高，产品陈列和铺货率都有提升，但对消费者拉动效果不明显，需要调整下月活动。

2. G市场新调整市场，促销活动以渠道进货奖励为主，经销商的热情很高，工作积极性也很高，市场情况尚无反应。

六、用户满意度调查表汇总分析（见表4-8）

表4-8　用户满意度调查表

各区域	上交份数	用户满意度（%）				备注
		优	良	中	差	优
A	252	10	32	A	252	10
B	367	12	25	B	367	12
……				……		
G	333	16	41	G	333	16
合计	2134	13	35	合计	2134	13

客户意见汇总：

1. 大多数消费者对公司的产品还是相当认可的，总体优良满意度在48%，占比接近一半，处于相对较高的水平，和上月数据相比变化不大。

2. 在整个用户满意度调查中，消费者不满意的情况主要集中在碳酸饮料上，消费者对含汽量不太满意，认为和K品牌相比有点差，在甜度等方面没有过多的问题。

3. 在产品的价格方面部分消费者认为公司的果汁系列产品价格相比较竞品K、T品牌有点高，说明消费者对饮料产品的价格敏感度较高。

七、对本月阶段性促销活动的评估（见表4－9）

表4－9　促销活动表

<table>
<tr><td>促销费用</td><td>20000元</td><td>促销品种</td><td>果汁系列</td><td>规格</td><td>1×24
600ml</td><td>促销时间</td><td>×月×日
至×月×日</td></tr>
<tr><td colspan="8">促销政策描述（促销区域、促销形式、针对经销商和零售商的政策）
1. 促销区域：××市场所有区域。
2. 促销形式：进货奖励。
3. 经销商政策：百搭十，同品相赠。
4. 零售商政策：二十送一，同品相赠，少于二十件进货不予以奖励。</td></tr>
<tr><td>对促销政策的宣传</td><td>促销对象目标数</td><td>1500家</td><td>宣传数量</td><td>1026家</td><td colspan="2">活动宣传覆盖率</td><td>80 %</td></tr>
<tr><td>促销产品销量</td><td>12000包/箱</td><td colspan="2">本月各区域市场本公司产品销量完成</td><td>168000包/箱</td><td colspan="2">本月各区域市场产品总销量</td><td>130000包/箱</td></tr>
<tr><td colspan="2">促销之前主推产品占总销量</td><td>43.8 %</td><td>促销后该产品占总销量</td><td>50 %</td><td colspan="2">市场占有率</td><td>上升：10%
下降：　%</td></tr>
<tr><td colspan="2">产品发货价格
一批价格：20.5元/箱
二批价格：21.3元/箱
终端价格：22.5元/箱
备注：</td><td colspan="6">对本月促销活动评价
（促销的及时性、有效性和促销后的效果占有率和商店反映）
1. 促销活动的目的是激励经销商和终端进货。
2. 商店对此活动的接受度较高。
3. 促销活动对销量的提升起到了拉动作用，市场占有率提升了约10%。
4. 本次活动对竞品的销量起到了限制作用。
5. 本次活动对消费者影响力较小。</td></tr>
</table>

八、目前我们市场上存在的问题

1. 产品的配送不及时，主要表现在小的和一次性要货量少的零售店。

2. 产品陈列在 B 类店开展得不太好，主要表现在维护不到位、陈列被竞品弄乱而影响效果，需要在后期加以改进。

3. 由于缺乏必要的终端投入，如店招和广告投入，产品的影响力差。

九、区域市场基本资料（见表 4－10）

表 4－10　各区域的产品情况

区域名称	对象	档次标准	品名规格	开票价格元/箱	二批价格元/箱	终端接货价格元/箱	零售价格		铺货率%	占有率%	促销支持	单品终端获利情况
							商超元/箱	餐饮元/箱				
A区域市场	企业产品	中档产品	水 1×24 包×600ml	16	16.5	18	18.5	19	95	35	无	10%
			果汁系列 1×24 包×600ml	20.5	21.3	22.5	23	23.5	95	20	买赠	15%
			碳酸系列 1×24 包×600ml	20.5	21.3	22.5	23	23.5	95	15	无	13%
	主要竞争对手	中档水	K 水 1×24 包×600ml	15.5	16.2	17.5	18	18	97	20	无	15%
			T 水 1×24 包×600ml	15.5	16.2	17.5	18	18	97	22	无	15%
		中档果汁	K 果汁 1×24 包×600ml	19	21	22	22.5	22	80	18	无	20%
			T 果汁 1×24 包×600ml	19	21	22	22.5	22	80	15	无	20%
		中档碳酸饮料	K 碳酸 1×24 包×600ml	18.5	19.5	21.5	22	22	50	7	无	20%
			T 碳酸 1×24 包×600ml	18.5	19.5	21.5	22	22	48	8	无	20%
	其他信息	低档	水系列	14	15.5	17.5	无	无	40	3	无	25%
		低档	果汁系列	17	19	21	21.5	无	35	2	无	30%

十、下月工作思路及重点

1. 加强对新客户 G 的市场指导和市场扩展工作，重点是大型卖场和零售终端的铺货工作和陈列工作，预计完成 200 家陈列工作。

2. 根据各个市场的实际情况，结合当地实情做好节前的促销活动方案和各个区域大型卖场临促的招聘工作，抓住节日销售的机会。

3. 加强节后销售人员的管理，重点放在工作纪律和效率上。

4. 开展节日前促销人员的培训工作。

5. 对各个区域促销活动的开展情况进行实地抽查，了解促销活动的效果和制订改进措施。

十一、合理化建议

1. 希望公司加强产品配送工作，使货物能够及时到达各个市场处。

2. 目前市面上出现新的 T 品牌的果粒饮料，产品的价格适中。从目前市场的销售来看，销量很好，希望企业能够密切关注。

第 32 节　年度营销计划

区域年度营销计划直接反映了一名区域经理对自己所负责的区域的了解程度和对来年工作的思路，是企业考察区域经理是否能够胜任该职位的要素之一。

2012 年 L 区域营销计划

一、销售任务

2012 年 L 区域计划销售 820 万元，实现增长 23%，回款 800 万元，其中利润为 160 万元，实现了 100% 的增长。

二、区域市场工作计划

1. 加强对经销商的管理，目前经销商L区域对市场的操作，只是粗放式的管理，还没有达到精细化的操作水平。

2. 加强对业务人员的培训，目前业务员综合素质较低，需要通过培训提高业务人员的技能和水平，促使区域销售水平上一个新台阶。

3. 对现有市场进行精耕细作按步骤跟进，每月有重点、每月有落实、每月有结果。2012年重点突破市场，增加一名业务员和一名经销商，销量突破600万元大关。同时在A、B、C扩展新产品市场，××市场重点考核淘汰并纳入新客户，提升市场占有率。

4. 开发空白区域，弥补部分销量，重点是××市场的销量。

5. 坚持重点铺市A、B类客户在每个市场达到80%的铺货率，实现影响竞品的效果。

6. 协调配合公司部门之间的工作，实现公司和客户共赢。

7. 做好货物计划及物流配送，做到准确、及时，加大销量。

……

泡了茶，抽了烟，憋了一晚上，终于写完了2012年度的营销计划。区域经理吴天在电话里和自己的哥们马经理说道："叫我做销售还行，写年度营销计划这动笔杆子的活真是存心为难我啊，还是先交上去再说吧。"

第二天一早，吴天就接到公司营销总监的电话："你这是年度营销计划还是流水账，没有市场分析、没有具体方法，我看你纯粹是在应付差事，还没人家业务人员写得有水平，也不知道你这些年都在干什么？一点长进都没有……"营销总监一顿批评，让区域经理吴天顿时觉得无地自容。

很多区域经理在写年度营销规划时，不是泛泛而谈就是表决心、喊口号，要么就写些无关痛痒的流水账、事无巨细，罗列了一大堆，看着写得很多，但都说不到点子上。作为区域经理，如何才能写出一份漂亮的区域营销计划书呢？

需要遵循的基本原则

原则一：前瞻性与预测性

对不可量化的市场指标进行前瞻性的分析与评估。如：市场供求关系的变化趋势、市场竞争发展态势、商业发展趋势等。同时，对可量化的指标进行预测性的判断，做具体的计划和要求。如销售额（量）、价格、费用等。

原则二：挑战性与现实性

良好的业绩来自实现富有挑战性的目标。营销计划书中的任务与计划指标不是轻而易举就能够实现的，都是经过努力可以达到的，这样才能鼓舞销售队伍的士气。

原则三：全面性与综合性

许多区域销售经理的年度营销工作计划只涉及销售目标与计划，缺乏全面性，忽略了其他的配套计划和控制性计划的内容，在执行中走样。

原则四：指令性与指导性

各项目标与计划指标是指令性的，一旦制定就必须按计划执行。同时，策略的安排则是指导性的，是实现目标与计划的措施。

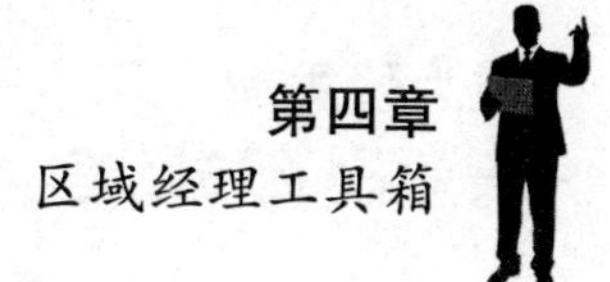

原则五：权威性与说服性

营销计划要确保其权威性，才能得到贯彻与执行，要得到绝大多数销售人员的理解与认同，才能调动大家的积极性。

制订依据

正确领会和了解上级营销部门新年度的营销工作精神。如：企业上级销售部门对本区域市场各项销售任务的安排，新产品开发状况及新产品上市时间，对本区域市场的支持力度、费用控制等方面的要求。

学习和借鉴本企业其他区域市场的营销经验。将不同区域市场的营销管理与销售特征进行分析、比较，启发本区域的营销创新。

分析本区域以往的各项业务统计数据与财务报表，找出各片区有关指标的变化规律，并究其原因。

收集市场基本现状。如：各片区人口、经济状况、居民收入、投资状况、商业业态的转变等，并比较片区间的差异。

研究市场竞争现状与发展趋势。

充分听取销售人员的意见和建议。

六大部分的内容

（一）区域现状分析

区域现状的分析应该包括三部分。

1. 区域现有渠道（经销商）的分析。常用的分析框架是 SWOT

分析方法：现有渠道（经销商）的优势、劣势、外部机会和外部威胁的分析。

2. 对竞争对手的分析：对竞争对手的渠道、网络布局情况、销售情况及占有率情况的分析。

3. 对消费者的分析：对所负责区域的消费者的购买特点、购买偏好、消费市场容量和消费变化趋势的分析。

（二）目标的制定

作为区域经理主要的目标是销量目标（包括金额数量）、网络拓展目标（新开发渠道、新开发店的数量）、利润目标等，目标制定是根据去年的整体销售情况和公司今年想要达成的整体目标来进行规划和分解。

（三）区域的战略

如果第一部分是现状，第二部分是理想，第三部分就是反映如何从现状达成理想（目标）状态的路径和方法。战略是全局性和长期性的，战略也应该是简单易记的。战略不在多，而在于精和准。

（四）区域的战术

战术是指为达成目标的战略的具体分解，是具体的方法和手段。对区域经理来讲，是一切围绕目标达成的具体对策，区域战术主要有以下几个部分组成。

1. 产品策略实施计划。提出明确的销售年度的产品增长点，重点推广哪些产品，有哪些新产品即将上市，哪些产品在什么时候将被淘汰，并进行详细分析，使销售人员充分理解公司的产品策略，从而充分利用市场资源和发挥公司内部潜力。

2. 价格策略实施计划。价格是市场营销中最敏感的因素，不宜经常变动，但对上一年度价格体系的执行情况和市场反馈的效果进行总结，对一些不适应市场状况的产品价格在年初做一次局部的调整是必要的，价格策略通常与促销策略结合实施。

3. 渠道策略实施计划。发展新的渠道增长点，或开发区域内尚未开发的片区市场，或优化分销网络，调整部分经销商或调整经销商政策、合作方式、待遇，发布新的经销商协议等内容，都应作出具体计划。

4. 促销策略实施计划。就渠道促销与终端促销的费用投入比例，整体促销费用的额度，本年度共安排多少次大型的渠道或终端促销，在什么时间、什么范围内执行，以及费用如何控制等内容作出具体计划。

5. 广告、宣传计划。包括各类媒体的广告投放计划及费用计划，公司宣传资料的品种及可供给的数量安排计划等，明确主导的广告、宣传手段及其操作流程。

6. 市场出样目标与计划。明确区域内各片区市场本公司产品的布点率与出样率目标，以及各个阶段的市场出样执行与考核计划。市场出样状况考核是公司管理市场的重要手段之一，也应该有计划地在年初进行安排。

7. 人力资源建设与营销培训计划。明确人员编制的增补数量、招聘方法与甄选标准。对需要调整的片区主管或销售人员进行调整，以及对全年进行几次正式的营销培训的时间与费用等做具体的计划。

8. 各岗位员工的业绩考核办法调整计划。为适应新的形势，对业绩考核的内容与考核办法进行必要的调整，优化薪酬计算方法，做出具体计划并发布，为落实年度营销计划服务。

（五）区域的行动计划

在战略的基础上进行战术动作的分解。重点在于在规定的时间内完成什么样的具体动作，才能确保战术执行到位。

（六）区域的控制（包括检查和管理）

目标和计划的制订很容易，但执行起来却很难。在具体的执行过程中，对计划的达成情况，要进行及时的检查和对照，并根据实际情况做出调整和修正，以确保目标的达成。

区域经理可以在这个框架之内完善自己的内容，使营销计划更适合自己区域的实际情况。总之，不会做年度营销计划的区域经理是不合格的区域经理。营销计划书只是个开始，销售还是要看最终行动、看结果的。营销计划书要写得漂亮，营销结果更要做得漂亮才行。

×区域 2012 年度营销计划

一、经营环境分析

×区域下辖 A、B、C、D 四个市场，是公司的重点市场，自 2005 年公司产品进入该市场以来，经过几年的市场耕耘，×区域保持着良好的增长性，年增长率约为 20%，到 2011 年底区域销售量已经达到 120 万元的销售规模，市场日趋成熟，但是，随着竞争的日益加剧，×区域的发展变得越来越困难了。

第一，×区域地处经济发达的中原地带，整个市场人口在 1000 万左右，加之几个全国性的大企业坐落在×区域，消费水平高、购买力强，是很多厂家的必争之地。

第二，竞争对手“若水”凭借良好的产品口感和作为当地的地产品牌占据天时地利人和的优势，在当地消费者心目中有着很好的形象，产品的销售节节攀升，对我公司产品的销售压力与日俱增。

第三，“蓝海”品牌作为一个全国品牌，依靠强大的广告宣传支持，和这几年在×区域的细心经营，市场基础非常牢固，给我们的威胁也十分巨大。

第四，×区域作为一个经济发达的区域，交通便利、零售业非常发达、商业模式先进，以大型卖场为主的零售业占据着整个市场的主流。

第五，我们所从事的休闲食品行业整个行业的发展速度一直处于快速发展的阶段，在×区域同样如此，因此虽然竞争激烈但是发展空间依然很大。

因此，对于如何做好2012年的营销工作，对于×区域来讲机会和威胁同在，成功与失败并行，如何做好是问题的关键，也是需要为之努力的方向。

二、SWOT分析

1. 优势：我公司产品口感独特、包装不错、价格相对合适、市场大环境良好、行业态势很好。

2. 劣势：产品质量控制不严、成本高、效率低、产量难以突破、无品牌优势、销售团队业务能力不强、整个团队的凝聚力有待提升、管理不够严谨、目标不够明确。

3. 机会：市场需求逐渐扩大，在整个行业蛋糕被做大的同时，我公司可以获得很多便利并搭上“顺风车”。例如，“蓝海”在电视上做广告，在公交上做上广告，只要我们控制终端优势，我们就可以获得由广告带来的无形利益，这对我公司来说是一个机会。

4. 威胁：面临成本压力和业务拓展方面的压力，业务团队力量不够的压力以及管理不善方面的压力。

三、2012年度目标

（一）年度营销目标

1. 销售目标：总体任务为300万元，其中A市场140万元、B市场80万元、C市场50万元、D市场30万元（具体见表4-11）。

表 4-11 各市场销售分解表

市场	1月	2月	3月	4月	5月	6月	7月	8月	9月	10月	11月	12月
A	10	10	10	10	15	15	15	15	10	10	10	10
B	5	5	5	5	10	10	10	10	5	5	5	5
C	3	3	3	3	6	7	7	6	3	3	3	3
D	2	2	2	2	3	4	4	3	2	2	2	2
合计（万元）	20	20	20	20	34	36	36	34	20	20	20	20

2. 盈利目标：30 万元。

（二）网络建设及拓展目标

1. 总体思想

实施渠道的扁平化，对市场进行精耕细作，下沉到县一级的经销商，终端的铺市上面先特通卖场，然后做商超，管控客户逐步进行市场渗透。

2. 客户拓展计划安排

今年计划拓展客户达到 10 个，有效客户达到 7 个，累计有效客户达到 15 个（具体见表 4-12）。

表 4-12 客户开发计划表

市场	第一季度	第二季度	第三季度	第四季度
A	2	0	0	1
B	0	1	0	1
C	1	0	1	1
D	0	1	1	0
合计	3	2	2	3

3. 销售组织建设

（1）逐步健全经销商助销系统，使市场更具可操控性和有效性。

（2）逐步完善销售人员管理体系，加强人员培训、提高控制市场终端的水平。

（3）加强与公司物流、财务、行政、生产的协作。

四、区域年度营销策略

（一）产品发展策略

从两个产品线去发展产品策略。

1. 终端产品线：专走大型卖场，定位为中高端，增强××产品的行业的整体影响力，增加推广一个家庭包装和两个礼品包装。

2. 流通线：流通线的产品重新定位，××克卖××元，散装走流通××元每斤，扰乱目前市场排名前几位的市场份额，终端树立公司的品牌。

（二）产品价格发展策略

采用两条线的分散竞争策略。

1. 终端的价格定位比“若水”高、比“蓝海”低，采取终端支持力度比他们大的竞争策略。

2. 流通的价格采用物美价廉的主动竞争策略，吸引“若水”和其他厂家进行价格跟随或是促销跟随，扰乱竞争对手既定的价盘，从而从根本上扰乱竞争对手的市场基础。

3. 有一条竞争的策略就是同质不同价，与流通终端产品的规格错开。

（三）经销渠道发展策略

1. 全方位的拓展市场，快速寻求发展，先发展终端客户，再发展流通或是批发客户，终端客户做的是诚信，做的是影响，批发及流通客户做的是利润。

2. 市场扩展同时从终端和网络构建。

3. 对终端网点和通路网络构建进行可控性管理。

4. 设定目标和目标达成的进度，从目标推动和激励两个方面来加强对市场推进的管控。

（四）营销推广组合策略

1. 销售促进

(1) 针对消费者：多做试吃推广和卖场的促销陈列推广，以试吃来拉动消费，激励经销商多做海报和特价促销。

(2) 针对终端商：对大终端商可以采用贴牌或是自采的形式来激励终端客户进行合作；对于小终端商，鼓励经销商采用搭赠铺市，免费品尝等措施激励其进货。

(3) 针对经销商：开展不同进货阶梯不同奖励政策，鼓励经销商进货。

(4) 针对销售人员：强化销售目标管理，加大奖罚力度，导入销售竞赛，导入奖优罚劣机制，导入末位淘汰制度。

2. 终端宣传

(1) 在家属区、学校周边等地方进行有奖陈列活动。

(2) 在一些卖场进行特陈销售与宣传。

(3) 在大型卖场进行前期试吃拉动宣传。

(4) 采用微超有奖陈列措施来进行销售宣传。

3. 宣传推广

采取小区促销的搭赠促销的形式开展户外产品的推广活动。

五、团队构建

招聘城市经理1～2名，县级经理3～4名，铺市员6名，招聘大型卖场经理1名，市场专员2名，促销专员1名。

六、费用预算（见表4－13）

表4－13　年度销售费用计划额度

300万×0.157＝47.1万　　单位：万元

	1月	2月	3月	4月	5月	6月	7月	8月	9月	10月	11月	12月
销售费用、运费	0.3	0.3	0.3	0.3	0.51	0.54	0.54	0.51	0.3	0.3	0.3	0.3
提成、工资、奖励	1.4	1.4	1.4	1.4	2.38	2.52	2.52	2.38	1.4	1.4	1.4	1.4
广告费、进场费	0.2	0.2	0.2	0.2	0.2	0.2	0.2	0.2	0.2	0.2	0.2	0.2
差旅费	0.35	0.35	0.35	0.35	0.35	0.35	0.35	0.35	0.35	0.35	0.35	0.35

续表

	1月	2月	3月	4月	5月	6月	7月	8月	9月	10月	11月	12月
搭赠、手续费、样品	0.1	0.1	0.1	0.1	0.17	0.18	0.18	0.17	0.1	0.1	0.1	0.1
税金	0.2	0.2	0.2	0.2	0.34	0.36	0.36	0.34	0.2	0.2	0.2	0.2
业务招待费	0.2	0.2	0.2	0.2	0.2	0.2	0.2	0.2	0.2	0.2	0.2	0.2
卖场促销费用	0.5	0.5	0.5	0.5	1.0	1.0	1.0	1.0	0.6	0.5	0.5	0.5
合计	3.25	3.25	3.25	3.25	5.15	5.35	5.35	5.15	3.35	3.25	3.35	3.35

费销比：15.7 %

第 33 节　年终总结报告

年终总结做不好，即使业绩做得再好，恐怕也会让公司领导的评价大打折扣。

张经理今年刚从业务代表被提升为区域经理，为了回报公司领导的赏识提拔，张经理一门心思全扑在了市场开发上，一年下来收成还不错，回款任务完成了130%。在年终销售会议期间，公司领导让张经理做上半年的工作汇报。

第一次走上演讲台的张经理非常激动，发言时的声音也异常响亮："今年××市场的回款任务为200万，在公司领导的指导下，在经销商的大力配合下，在××市场业务团队的共同努力下，如今我们超额完成了任务，实现回款260万。明年我们将努力冲刺350万，以更高的成绩回报公司领导的关怀！谢谢！"

在一片掌声中，张经理直接走下了演讲台。销售总监一脸错愕地叫住他："你在干什么！"

张经理："怎么了，有什么不对吗?"

营销总监："你讲完了?"

张经理："完了!"

营销总监："……"

会后，营销总监直接把张经理叫进办公室臭骂了一顿："你这哪叫年终工作总结，简直就是获奖感言！市场销售数据、对手分析、明年工作计划什么都没有！要知道，你是在参加公司的销售大会，你以为你参加的是金鸡奖啊？回去给我好好反省!"

那么，如何写好一份既能表达自己工作成绩又能让领导满意，并能留下深刻影响的年终总结呢?

注意两个原则、避免两个不要

写年终总结报要注意两个原则：第一是实事求是、系统全面、思路清晰的原则；第二是总结反思、突出重点、指明方向的原则。

避免两个不要：第一是不要因为销量好而洋洋得意、歌功颂德，自认为老子天下第一，也不要因为销量差而一味灰心丧气、自我批评检讨；第二不要被动、被指使地去写，要主动地、积极地、在全面统计分析年度市场管理运营情况的基础上深刻自省、挖掘存在的问题、提炼工作中的亮点，然后有的放矢地提出新年度的营销工作规划，这样才可能保障市场工作稳健可持续发展。

两方面的内容

一份完整的年度总结报告，从其内容上来讲主要包括两个方面的内容：第一，对本年度工作的总结和回顾，这是区域经理最难把握，也是最易忽略的地方，却是领导关注的地方；第二，下一年的营销计划，这是区域经理思路的体现，是最容易吸引领导的地方。

必须具备的五大要素

（一）要素一：靠数据说话

区域经理的年终总结一定要依靠数据来说话，对各种市场销售数据进行科学、合理、缜密地分析。

1. 要列图表来说明销售任务、实际达成率、销售任务完成率、市场费用使用率等。

2. 如果条件允许，还可以再细化一下，把市场费用使用占比分析一下，总结各项费用使用占比是否合理，哪一项超出预算等，为来年营销方案提供依据。

3. 要对比往年同期的销售增长情况，分析并总结同比增长或负增长的原因。

4. 要对区域市场内各产品品类销售情况进行分析。最好是把所有单品的销售数据及占总销售比计算出来，然后用波士顿矩阵分析一下哪些是金牛产品、哪些是瘦狗产品、哪些是明星产品、哪些是问题产品，并根据产品销售结构制定明年的产品推广计划。

5. 尤其是要关注销售品项的结构性变化，找出是什么原因导致的销售结构变化。比如策划方案影响、产品使用效果的影响、媒体媒介炒作的影响、促销员提成方案的影响、基层业务人员主观推广意愿的影响、城市消费结构变化等，并判定这种变化是良性的还是非良性的，应如何调整？

（二）要素二：渠道管理方案

渠道管理是区域经理日常工作的重中之重，因而在做年终总结时，这些内容非常重要。

1. 对经销商团队、新开发市场、空白市场资料整理（如表4－14所示）

（1）分析各经销商所在市场的市场规模、经销商现代理的其他品牌、公司管理、资金周转、物流仓储、业务团队等资源配置，以及如何能最大化地利用经销商资源。

（2）要做表列出各经销商回款贡献及区域销量占比，与各经销商的客情、管理激励、配合执行进行分析，对客户对品牌的信心及重视度进行评估，要对区域内样板市场或重点市场进行经验总结。

由于经销商大多同时代理多个品牌，对所代理的各个品牌投入的资源是不会一碗水端平的，经销商的执行力及配合度很多时候决定了市场的成败。

表4－14　经销商评估表

<table>
<tr><td colspan="7">区域市场：　　　　　　　　填写人：　　　　　　　　时间：　年　月　日</td></tr>
<tr><td colspan="7">一、客户基本资料</td></tr>
<tr><td>客户名称</td><td colspan="2"></td><td>地址</td><td colspan="3"></td></tr>
<tr><td>法人代表</td><td></td><td rowspan="2">电话/传真</td><td></td><td>邮编</td><td colspan="2"></td></tr>
<tr><td>业务经理</td><td></td><td></td><td>邮箱</td><td colspan="2"></td></tr>
<tr><td>注册资金</td><td colspan="2">万元</td><td>流动资金</td><td colspan="3">万元</td></tr>
<tr><td>配送能力</td><td colspan="4"></td><td>业务人员/促销员</td><td>人</td></tr>
<tr><td>财务信誉度</td><td colspan="5">□结算准时 □偶尔拖延 □经常拖延 □欠账未还 □烂账 □其他</td><td></td></tr>
<tr><td>客户网络</td><td colspan="6">□批发 □分销商 □大商场 □乡镇批零店 □市区中小店 □团购 □其他</td></tr>
</table>

续表

<table>
<tr><td rowspan="3">目前主要的代理品牌及年销售情况</td><td colspan="3"></td><td>全年销售总额：</td></tr>
<tr><td colspan="3"></td><td>在当地排行名次：</td></tr>
<tr><td colspan="3"></td><td>在当地的影响力：
□强 □一般 □弱</td></tr>
<tr><td colspan="5">二、合作评估</td></tr>
<tr><td>客户级别</td><td colspan="4">□省会级 □地市级 □县级</td></tr>
<tr><td>经销区域</td><td colspan="4"></td></tr>
<tr><td>现经销产品品类</td><td colspan="4"></td></tr>
<tr><td>年度销售任务及达成情况</td><td colspan="4"></td></tr>
<tr><td>人员配置</td><td>专职业务人员：</td><td></td><td>计划配置人员：</td><td></td></tr>
<tr><td>车辆配送</td><td>专车配置：</td><td></td><td>计划配置车辆：</td><td></td></tr>
<tr><td>专项营运资金</td><td>现投入资金：</td><td></td><td>计划投入资金：</td><td></td></tr>
<tr><td>有效网点数量</td><td>现覆盖网点数：</td><td>家</td><td>计划覆盖网点数：</td><td>家</td></tr>
<tr><td>终端商场数量</td><td>现已进场数量：</td><td>家</td><td>计划进场数量：</td><td>家</td></tr>
<tr><td>客户配合度及合作潜力评估</td><td colspan="4"></td></tr>
</table>

2. 对直营大型卖场及重点零售客户进行分析

做此项分析时要紧紧围绕终端十要素：合同费用、促销员、陈列、促销活动、分销（条码、配送、库存等）、价格、利润、零售额、终端形象建设、赠品物料及助销道具进行分析。

值得注意的是，在分析的过程中，要对所在区域的各 KA 系统及重点零售网点进行梳理，理整历年来的供销合同及当年产生的各项费用，进行财务分析。许多区域经理往往会因为 KA 费用投入不合理而销量不理想，因费用超标而拿不到奖金，所以费用管控是操作 KA 系统的重中之重，年底对终端费用进行细致的财务分析很关键。

3. 对分销网络布局及有效网点统计分析

这本是一种日常工作，但在做年终工作总结时再把各类渠道网点资料分种类、分区域、分级别重新梳理一遍就会发现很多新的问题。

4. 对全年促销方案进行总结评估

评估内容应包括三个方面：第一，总结今年的促销情况，包括特价、套装、赠品、路演、订货会、铺货行动；第二，根据明年的渠道拓展目标，设计出明年的渠道网络架构图，制定相应的渠道推广方案；第三，根据各 KA 系统全年促销档期表制定出明年的促销计划。

（三）要素三：团队管理措施

团队管理措施应包括以下三个方面。

1. 现有业务团队组织架构、分工协作及岗位职责。

2. 属下员工当年的突出成绩及工作表现点评，人员晋升或调整计划。

3. 团队日常行政管理、表单跟进、培训提升等方面进行总结。

（四）要素四：竞品表现及应对措施

知己知彼才能百战百胜，做为区域经理必须时常关注竞品动态，在做工作总结时附加上竞品动态分析及区域市场战术调整建议会使工作总结显得更专业，如表 4－15 所示。

表 4－15 市场竞争品牌信息调研表

所属区域：调研渠道：流通/ CD 店 / KA / 商超 / 特通 / 包场 / OTC											
品牌名称	产品规格	出厂价	分销价/终端供价	零售价	近期渠道推广政策（返利、搭赠、订货会、铺货等）	当前终端促销形式（终端费率、终端资源抢占、促销组合）	赠品物料支持（受好评赠品及物料，最好有照片）	当地是否有广告投入，在哪些电视台（经销商、买手、消费者口碑）	人员支持（业务员数量、促销员数量、人力隶属、薪资模式）	该渠道铺市率、竞争力排名、估计销量	核心竞争力及薄弱环节	对公司品牌市场策略改进的建议
备注：重点关注几个品牌 A B C D												

（五）要素五：对公司发展的建议

向公司提出一些合理化的建议，是区域经理应尽的义务，但一定要在指出问题的同时给出解决方案，不要直接把问题扔给老板，同时要着眼全局，决对不能站在自己的立场上考虑问题或发牢骚。

第 34 节　需要掌握的几种分析工具

市场成功的原因：一是企业的支持；二是对市场的正确判断并采取正确的方法。

学习管理的目的：将营销分析工具很好地运用到工作中，解决市场工作中碰到的问题。

4P和4C分析工具

4P和4C分析工具是两种立足点不同的营销理论，其中4P是指产品、价格、渠道、促销四个方面；4C是指顾客需求、成本策略、便利策略、沟通策略四个方面。如表4－16所示。

表4－16　4P和4C的关系

类别	4P		4C	
阐释	产品	服务范围、项目、服务产品定位和服务品牌等	需求	研究客户需求欲望，并提供相应的产品或服务
	价格	基本价格、支付方式、佣金折扣等	成本	考虑客户愿意付出的成本、代价是多少
	渠道	直接渠道和间接渠道	便利	考虑让客户享受第三方物流带来的便利
	促销	广告、人员推销、营业推广和公共关系等	沟通	积极主动与客户沟通，寻求认同感
目的	以满足市场需求为目标		以追求顾客满意为目标	

小提示：通过对4P和4C两种理论的认识，可以让区域经理站在企业和客户两个不同的角度重新审视问题，从而制定正确的产品市场策略，该工具主要运用在市场策略和产品组合的制订上。

PEST分析工具

PEST分析是指对宏观环境的分析。宏观环境又称一般环境，是指影响一切行业和企业的各种宏观力量。对宏观环境因素的分析，不同行业和企业根据自身特点和经营需要，分析的具体内容会有差

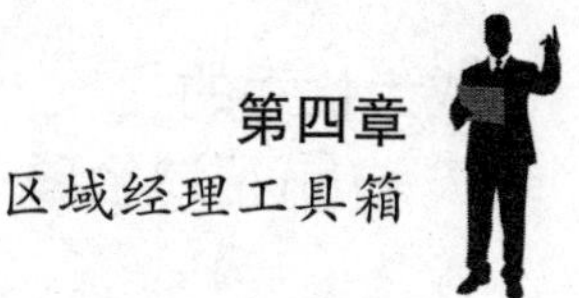

异，但一般都应对政治、经济、技术和社会文化这四大类影响企业的主要外部环境因素进行分析。

小提示：不谋全局者不足以谋一域，了解区域市场环境是区域经理的必备课，区域经理通过了解PEST分析工具，有助于区域经理掌握对区域市场宏观环境的分析方法。

SWOT 分析方法

SWOT分析方法是企业内部分析的常用工具，即根据企业自身既定的内在条件进行分析，找出企业的优势、劣势及核心竞争力，从而找到机会点。其中：S代表strength（优势）；W代表weakness（劣势）；O代表opportunity（机会）；T代表threat（威胁）。其中，S、W是内部因素，O、T是外部因素。如表4－17所示。

表4－17　SWOT分析方法

S：优势（与企业有关的外在环境因素）	W：劣势（企业本身的内在环境因素）
1. 擅长什么？ 2. 组织有什么新技术？ 3. 能做什么别人做不到的？ 4. 和别人有什么不同？ 5. 顾客为什么来？ 6. 最近因何成功？	1. 什么做不来？ 2. 缺乏什么技术？ 3. 别人有什么比我们好？ 4. 不能够满足何种顾客？ 5. 最近因何失败？

续表

O：机会（企业应该走向何处）	T：威胁（企业能向何处发展）
1. 市场中有什么适合我们的机会？ 2. 可以学什么技术？ 3. 可以提供什么新的技术、服务？ 4. 可以吸引什么新的顾客？ 5. 怎样可以与众不同？ 6. 组织在5～10年内的发展？	1. 市场最近有什么改变？ 2. 竞争者最近在做什么？ 3. 是否跟不上顾客需求的改变？ 4. 政治经济环境改变是否会影响企业？ 5. 有什么事可能会威胁到企业的生存？

SWOT分析法的基本步骤为：

1. 分析企业的内部优势、弱点既可以是相对企业目标而言的，也可以是相对竞争对手而言的；

2. 分析企业面临的外部机会与威胁，可能是与竞争无关的外部环境因素的变化，也可能来自于竞争对手力量与因素的变化，或二者兼有，但关键性的外部机会与威胁应予以确认；

3. 将外部机会和威胁与企业内部优势和弱点进行匹配，形成战略。

小提示：运用SWOT分析工具可以帮助区域经理对区域市场进行有效地分析，从而制订出有效的市场营销策略，一般常用于市场开发、市场运作和分析市场工作中。

波士顿矩阵分析图

波士顿矩阵分析图就是根据“市场成长率—相对市场份额矩阵”的投资组合分析方法，是一种用来分析和规划企业产品组合的方法。这种方法的核心在于，要解决如何使企业的产品品种及其结构适合市场需求的变化，只有这样，企业的生产才有意义。一般情况下该矩阵将一个公司的业务分成四种类型：问号产品、明星产品、现金牛产品和瘦狗产品。如图4－1所示。

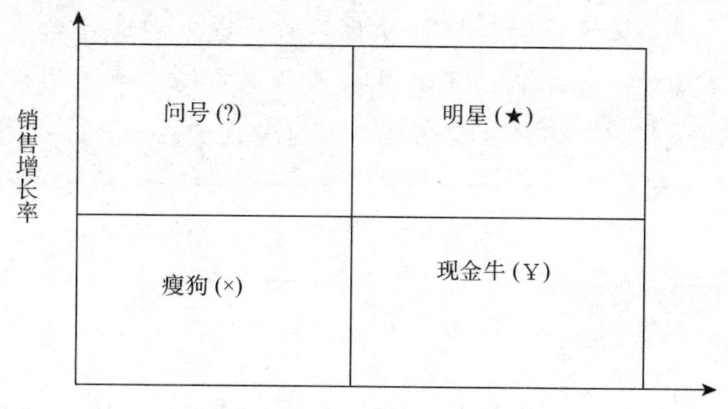

图4－1　四象限图

1. 明星产品（stars）：是指处于高增长率、高市场占有率象限内的产品群，这类产品可能成为企业的现金牛产品，需要加大投资以支持其迅速发展。

2. 现金牛产品（cash cow），又称厚利产品：是指处于低增长率、高市场占有率象限内的产品群，已进入成熟期。

3. 问号产品（question marks）：是处于高增长率、低市场占有率象限内的产品群。

4. 瘦狗产品（dogs），也称衰退类产品：是处在低增长率、低市场占有率象限内的产品群。

波士顿矩阵分析有以下几个基本步骤。

1. 核算企业各种产品的销售增长率和市场占有率。

2. 绘制四象限图。以10%的销售增长率和20%的市场占有率为高低标准分界线，将坐标图划分为四个象限。然后把企业全部产品按其销售增长率和市场占有率的大小，在坐标图上标出其相应位置（圆心）。

3. 定位后，按每种产品当年的销售额多少，绘成面积不等的圆圈，按顺序标上不同的数字代号以示区别，定位的结果即将产品划分为四种类型。

小提示：运用波士顿矩阵分析工具可以帮助区域经理有效区分区域市场的产品结构，了解每个产品在市场中承担的角色，从而帮助区域经理指定产品营销策略和进行区域内的产品规划。

波特五力模型

波特五力模型又称波特竞争力模型，用于竞争战略的分析，可以有效地分析客户的竞争环境。五力分别是：供应商的讨价还价能力、购买者的讨价还价能力、新进入者的威胁、替代品的威胁、行业内现有竞争者的竞争能力。如图 4－2 所示。

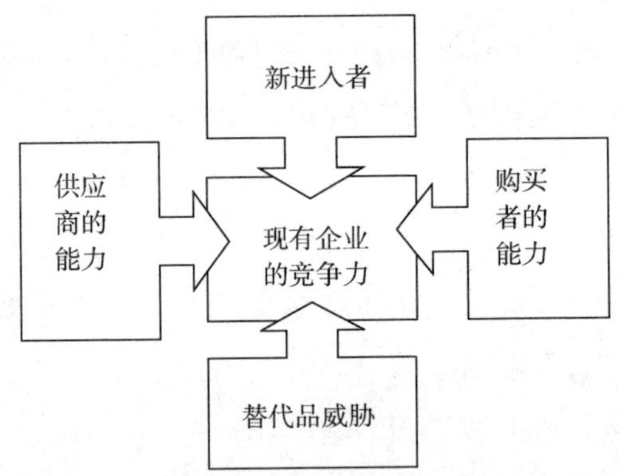

图 4－2　波特五力模型

1. 产业新进入者的威胁。进入本地有哪些壁垒？它们阻碍新进入者的作用有多大？本企业怎样确定自己的地位（自己进入或者阻止对手进入）？

2. 供货商的议价能力。供货商的品牌或价格特色，供货商的战略中本企业的地位，供货商之间的关系，从供货商之间转移的成本等，都影响企业与供货商的关系及其竞争优势。

3. 买方的议价能力。本企业的部件或材料产品占买方成本的比例，各买方之间是否有联合的危险、本企业与买方是否具有战略合作关系等。

4. 替代品的威胁。替代品限定了企业产品的最高价，替代品对企业不仅有威胁，可能也会带来机会。企业可以采取什么措施来降低成本或增加附加值来降低消费者购买替代品的风险？

5. 现有企业的竞争。行业内竞争者的均衡程度、增长速度、固定成本比例、本行业产品或服务的差异化程度、退出壁垒等，决定了一个行业内的竞争激烈程度。对于企业来说，最危险的环境是进入壁垒、存在替代品、由供货商或买方控制、行业内竞争激烈的产业环境。

小提示：通过对波特五力模型的了解和学习，区域经理可以了解企业产品在市场中所处的竞争地位，找准自己的竞争对手，从而制订有效的竞争策略应对竞争，增强自己的市场地位与竞争实力。

5W1H 法

5W1H 分析法也叫六何分析法，是一种思考方法，也可以说是一种创造技法。对选定的项目、工序或操作，从原因（何因 why）、对象（何事 what）、地点（何地 where）、时间（何时 when）、人员（何人 who）、方法（何法 how）这六个方面提出问题进行思考。

小提示：区域经理掌握这种分析方法，在工作中可使思考的内容深化、科学化，最终找到解决问题的方法和途径。

产品生命周期理论

产品生命周期是指产品的经济寿命，即一种新产品从开发、上市，在市场上由弱到强又从盛到衰，直到被市场淘汰的全过程。产品生命周期一般分为四个时期：投入期、成长期、成熟期、衰退期。根据产品在不同时期的销售量可以制作典型的产品生命周期曲线图。如图 4－3 所示。

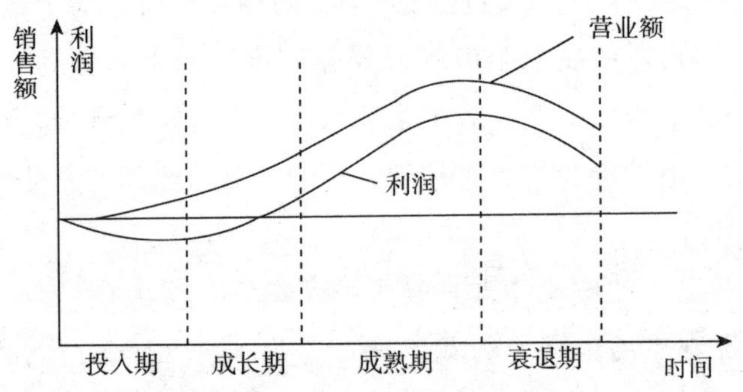

图 4－3　产品生命周期

产品在不同生命周期阶段具有不同的市场特点，需要制订不同的营销目标和营销策略。

1. 投入期产品特点及营销策略选择

投入期产品特点：此时产品品种少、销售量小、成本高、生产技术还有待完善，顾客对产品还不了解，除少数追求新奇的顾客外，几乎无人实际购买该产品。

投入期营销策略有以下四种。

（1）高价快速策略。采取高价格的同时，配合大量的宣传推销活动，把新产品推入市场。

（2）选择渗透策略。采用高价格的同时只用很少的促销努力。

（3）低价快速策略。采用低价格的同时做出巨大的促销努力。

（4）缓慢渗透策略。新产品进入市场时采取低价格，同时不做

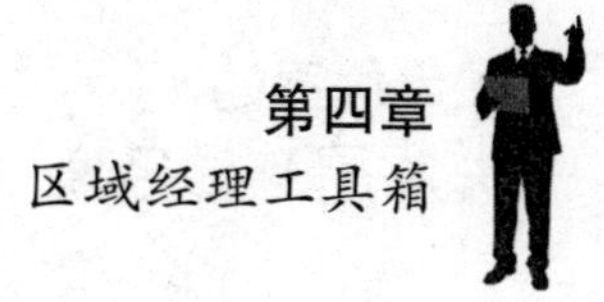

大的促销努力。

2. 成长期产品特点及营销策略选择

成长期产品特点：新产品在投入期取得成功后，在进入成长期以后，有越来越多的消费者开始接受并使用产品，企业的销售额直线上升，利润增加。在此情况下，竞争对手也会纷至沓来，威胁企业的市场地位。

成长期营销策略：企业的营销重点应该放在保持并且扩大自己的市场份额，加速销售额的上升方面。另外，企业还必须注意成长速度的变化，一旦发现成长的速度由递增变为递减时，必须适时调整策略。

3. 成熟期产品特点及营销策略选择

成熟期产品特点：商品的成熟期是指商品进入大批量生产，而在市场上处于竞争最激烈的阶段。通常这一阶段比前两个阶段持续的时间更长，大多数商品均处在该阶段。

成熟期营销策略：争取稳定的市场份额，延长产品的市场寿命。通过不断地开拓新市场，不断地刺激新的需求，使老产品不断地焕发青春活力，为企业提供现金流和大量的利润，既扩大了产品的销售，同时也延长了产品的生命周期。

4. 衰退期产品特点及营销策略选择

衰退期产品特点：衰退期是指商品逐渐老化，转入商品更新换代的时期。

衰退期营销策略：当商品进入衰退期时，不能简单地一弃了之，也不应该恋恋不舍，一味维持原有的生产和销售规模。必须研究商品在市场的真实地位，然后决定是继续经营下去，还是放弃经营。

小提示：产品生命周期提供了一套适用的营销规划观点，它将产品分成不同的策略时期，区域经理可以通过对产品生命周期的了解，针对各个阶段不同的特点而采取不同的营销组合策略。

第35节　需要了解的几个财务常识

销售活动的最终结果会体现为财务数据，良好的财务知识背景会有助于销售人员顺利开展各项工作。

在Y公司的小李经过三年多的努力，终于如愿以偿被提拔为K区域的销售经理了。职位提升了，小李工作接触的范围也越来越大了。当自己还是业务员的时候，只要干好活就不用操心了，而如今在工作过程中不可避免地要遇到支付、结算、预算等与财务相关的问题。

因为对财务知识知之甚少，每次遇到与财务相关的问题时，小李总是谨小慎微害怕一不留神犯下大错，更让小李心烦的是公司发来了区域财务报表并要求做区域财务分析，因为缺乏财务知识小李不清楚相关的财务术语也看不明白财务报表，更不知道区域财务分析该从哪里下手。

对于区域经理而言，月度、年底销售工作分析和总结、年度销售计划等相关工作的开展，必要的财务分析是少不了的。销售回款决定一切，没有回款的销售不能称之为销售，监督业务人员的销售回款工作，了解相关的支付、结算手段才能清楚回款的过程，防止在销售过程中出现“问题”回款。

那么，作为一个区域经理需要掌握哪些相关的财务知识呢？

了解常见的支付、结算手段

国内常见的支付、结算手段主要有以下六种：汇票、银行本票、支票、汇兑、委托收款和信用证。

1. 汇票：包括银行汇票和商业汇票（商业汇票又包括银行承兑汇票、商业承兑汇票），银行汇票是由出票银行签发，是银行见票时按实际结算金额无条件支付给收款人或持票人的票据，单位和个人的各种款项结算均可借助于银行汇票。银行汇票可用于转账，注明“现金”字样的银行汇票也可以用于支取现金。

2. 银行本票：由银行签发的承诺自己在见票时无条件支付确定的金额给收款人或持票人的票据，单位和个人在同一票据交换区域需支取各种款项时均可使用银行本票。

3. 支票：由出票人签发的委托办理支票存款业务的银行或其他金融机构见票时无条件支付确定金额给收款人或持票人的票据，单位和个人在同城的款项结算均可使用支票，支票出票人为在中国人民银行当地分行批准办理业务的银行机构开立可以使用支票的存款账户单位和个人。

4. 汇兑：汇款人委托银行将款项支付给收款人的一种结算方式，单位和个人的各种款项结算均可使用这种结算方式。

5. 委托收款：收款人委托银行向付款人收取款项的一种结算方式，单位和个人凭承兑商业汇票、债券、存单等付款人债务证明办理款项结算均可使用委托收款的结算方式。

6. 信用证：开证行依照申请人的申请开出的、凭符合信用条款单据支付的付款承诺，国内信用证是由银行提供担保的国内企业之间商品交易结算工具。

以上六种是国内常见的支付、结算手段，各自有着不同的特点。如表4－18所示。

表4－18　国内常见的支付、结算手段

名称	特点	有效期
银行汇票	无起点金额、无地域限制，企业和个人均可申请，收付款人均为个人时可申请现金银行汇票，现金银行汇票可以挂失，见票即付，在票据有效期内可以办理退票	有效期一般为1个月
银行本票	不定额银行本票无起点金额限制，银行本票一律记名，收付款人均为个人时可申请现金银行本票，现金银行本票可由委托人向出票行提示付款，银行本票见票即付	银行本票付款期限一般不超过2个月
支票	无起点金额限制，可支取现金或用于转账，可以挂失	签发之日起计算有效期为10天，到期日为节假日顺延
汇兑业务	汇兑分电汇、信汇两种，由汇款人选择使用，汇兑不受金额起点限制	—
委托收款业务	无起点金额限制，同城、异地均可办理，有邮寄和电划两种收款方式供收款人选择	—
信用证	是一项独立文件，开证行是第一付款人，业务处理的是单据	—

小提示：销售回款决定一切，没有回款的销售不能称为销售，监督业务人员的销售回款工作，只有了解相关的支付、结算手段才能清楚回款过程，防止在销售过程中出现“问题”回款。

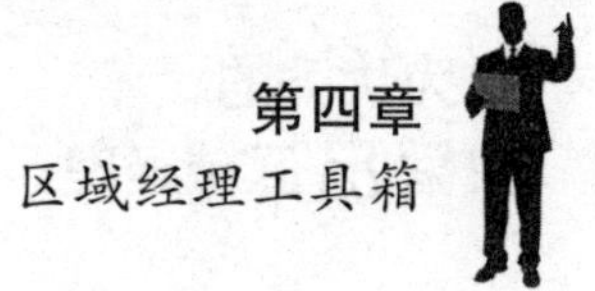

与销售相关的财务常识

与销售相关的财务常识主要包括：成本、销售成本、销售费用、市场占有率、盈亏平衡点、毛利率、销售成本率等。

1. 成本：包括变动成本和固定成本两部分。

变动成本是指那些成本的总发生额在相关范围内随着业务量的变动而呈线性变动的成本。如原材料、包装、销售人员的佣金就是变动成本。

固定成本是指在一定的范围内不随产品产量或商品流转量变动的那部分成本，指除佣金外的所有营销成本都被视为固定成本。

2. 销售成本：是指已销售产品的生产成本或已提供劳务的劳务成本以及其他销售的业务成本。它包括主营业务成本和其他业务支出两部分，其中，主营业务成本是企业销售产品、半成品以及提供工业性劳务等业务所形成的成本；其他业务支出是企业销售材料、出租包装物、出租固定资产等业务所形成的成本。

3. 销售费用：是指企业在销售产品、自制半成品和提供劳务等过程中发生的费用，包括由企业负担的包装费、运输费、广告费、装卸费、保险费、委托代销手续费、展览费、租赁费（不含融资租赁费）和销售服务费、销售部门人员工资、职工福利费、差旅费、办公费、折旧费、修理费、物料消耗、低值易耗品摊销以及其他经费等。差旅费、低值易耗品摊销是包括在管理费用里面的。

4. 市场占有率：是指一个公司的产品销售量占该类产品整个市场销售总量的比例。计算公式为：市场占有率 = 公司销售总量/市场总量。

5. 盈亏平衡点。在确定为补偿所有相关固定成本而必须销售的数量或金额时，这样的销售水平被称为盈亏平衡点。以数量表示的盈亏平衡点 = 总固定成本/单位贡献毛利；以金额表示的盈亏平衡点 = 总固定成本/1 -（单位变动成本/单位销售价格）。

6. 毛利率。企业成本价与售价之间的差额被称为毛利或加价。在营销中，最通行的惯例是将毛利率表示为售价的百分比。毛利率 =（不含税售价 - 不含税进价）/不含税售价 ×100% =（销售收入 - 销售成本）/销售收入 ×100%。

7. 销售成本率。与毛利率相对应，销售成本率是用以反映企业每元销售收入所需的成本支出。销售成本率 = 销售成本/销售收入净额 ×100%。

8. 销售利润率：是指一定时期的销售利润总额与销售收入总额的比率。

9. 资金利润率：是指一定时期的销售利润总额与资金平均占用额的比率。

10. 销售净收入：是指扣除销售折让、销售折扣和销售退回之后的销售净额。

11. 成本利润率：是指一定时期的销售利润总额与销售成本总额之比。

小提示：月度、年底销售工作分析和总结、年度销售计划等相关工作的开展，必要的财务分析是少不了的，区域经理不应该只是产品的销售者和市场的管理者，而更应该是一个区域的经营者。

第五章

自我要求

第36节　应具备的能力

作为士兵，你的目的就是领会领导的意图去冲锋就可以了；而作为指挥官，则需要你去指挥战斗，如何赢得胜利这就要看你指挥官的指挥能力了。

2011年初因为公司市场调整，根据李笑天的各方面表现，公司准备调他到A市担任区域经理。听到这个好消息，李笑天很开心，对自己来讲这是公司对自己成绩的认可，自己的付出总算有了结果。但是，对于自己能否胜任A市区域经理，李笑天心里确实没有底，也感到不安。

李笑天正沉浸在思考之中，手机响了，李笑天拿出手机一看心中暗喜，原来是自己的老领导肖云龙的电话，真是想什么来什么，刚才还为自己能不能做好A市区域经理而担心的李笑天此时心里非常开心，正好借这个机会向自己的老领导讨教讨教。

“小李，你好，听说你要做A市的区域经理了，祝贺你高升啊！”肖云龙说道。

“哎呀，肖经理您可是在挖苦我，主要是您这个领导带我带得好啊！”李云龙回答着，“肖经理，非常感谢这一年来您的支持和帮助，我才有这个机会。但是，如何做好这个区域经理我的心里真是没底啊，还需要您多给兄弟我指点指点。”

“哪里、哪里，互相学习吧！”肖云龙谦虚地回答道。

“肖经理，过去在您手底下工作，我们没有任何后顾之忧，很多事情您都先解决了，我们只要按照您的意图去执行就可以了，而如今到A市任区域经理对我来讲那就要独当一面了，您认为我需要从哪些方面入手呢?”李笑天向自己的老领导问道。

“其实很简单，从市场的开拓者到市场的管理者，角色变了，对工作的要求就变了，就比如过去你是一个端着冲锋枪冲杀在最前沿的士兵，而如今你却变成了一个指挥官。你现在最主要的任务就是考虑如何提高自己的能力。”肖云龙说道。

“作为一个优秀的区域经理，一般来讲，必须要具备学习能力、协调能力、资源整合能力、市场规划能力、市场宏观预测能力、市场洞察分析能力、沟通能力、激励下属的能力。”

学习能力

毕竟从业务人员到区域经理，角色转变变了，汇报对象变了、工作对象变了、管理职责变了……要学的东西很多，很多营销工具的应用都需要在工作中慢慢学习。

协调能力

A区域市场远离公司，和公司总部物流、市场、销售等相关部门在工作的开展方面都会存在各式各样的问题：要么是货物无法按期到达，要么是市场促销方案不切合市场实际，要么是出现货款与货物对不上账的问题。抑或业务员和经销商之间、经销商和二批商或者终端之间也会有着不少事情，如互相抱怨、难以配合等问题，而这些问题往往是可大可小，如果只是按照公事公办的原则处理问题，无疑会使以后的工作更加难以开展，这就是考验一个区域经理

的协调能力。

资源整合能力

一个优秀的区域经理总是善于将各种资源进行有效汇集来为我所用、为市场所用，从而起到提升市场销量的作用，这种资源可能来自企业，也可能来自市场或者经销商。

市场规划能力

一是渠道规划能力，不是所有的渠道都能够被企业所用，也不是所有的渠道都能够产生效益，区域经理必须要通过结合产品的实际情况、消费目的、消费场所等对渠道进行梳理找到对企业产品有利的渠道。

二是产品规划能力，现在的市场竞争不再是单一产品单打独斗的竞争年代，企业在市场竞争中都是通过产品的组合来提升综合的竞争实力，而作为区域经理就需要根据市场的情况，对企业自身的产品归类总结，分清企业各个产品品相在市场上承担的角色，形象产品、利润产品、跑量产品、竞争产品，只有对产品做好分工，才能在市场运作的过程中关注重点、突出重点，找到工作的重点，做到有的放矢地去工作。

市场宏观预测能力

区域经理作为行业的专业人士，必须对市场宏观场面有较深的了解，这样才能结合区域市场的发展情况对市场进行预测并指导市场的工作，这样才能明确在哪一阶段做哪些事情，而且做对的事情。

市场洞察分析能力

市场机会无处不在，市场时刻变化，如何洞察和分析这些变化，如何去发现机会并利用机会，这是时刻需要面对的事情。在市场工作中如果能够洞察市场、把握市场机会，就会对市场产生较大的影响力，并利用这个机会快速进行市场突破。

沟通能力

区域经理向上需要和市场部、营销部、总经理办公室、财务部等相关部门打交道，向下需要和经销商、业务员、终端联系，同时也要和卖场采购等相关人员打交道，沟通能力的好坏决定工作开展的好坏。

激励能力

区域经理作为一个团队的带头人，让自己的团队成员充满激情的工作是获得成功的保证。尤其，在面对挫折、团队成员意志消沉的时候，更需要区域经理用自己的言行和态度激励下属，使团队重新焕发活力。

小提示：从市场的开拓者到市场的管理者，角色变了，对工作的要求就变了，区域经理就是指挥官，只有具备相应的能力，才能更好地指挥作战。

第37节　应具备的品质

区域经理的一言一行已经不再是简简单单地代表个人的形象，更多的时候他代表着一个企业的形象。区域经理的所作所为已经不是个人的事情，而是一个企业的事情、一个团队的事情。

自信和勇气

自信是对自我的肯定，是每个人走向成功的第一要素；勇气意味着敢作敢为，是将自己的自信表现在行动中的一种胆识，是每个人开启成功之门的钥匙。作为区域经理，自信和勇气是不可缺少的品质，因为在市场工作中不可能事事如己所愿，需要面对市场的种种问题、客户的重重疑问、各种各样的工作难点、提升销量的种种困难等。作为区域经理只有具备自信和无往不胜的勇气，这样才能传递信心影响你的下属和他人，才能有面对问题、解决问题的勇气。否则，虽然有足够的知识和技能，如果不具备自信也难以赢得客户的信任，如果没有敢作敢为的勇气就难以采取有效的行动去解决问题。

积极的心态

心态决定一个人对事情的看法和行动，只有具备积极的心态的人才能在困难面前焕发高昂的斗志和顽强的精神，区域经理在区域市场往往将重担集于一身，工作中会存在各种各样的不如意、各种各样的难题，尤其是在市场竞争激烈的今天，各个企业都在为市场的一个百分点而绞尽脑汁，都在为一地一域的争夺而不择手段。

面对这种竞争情况，对于区域经理来讲，不进则退是市场选择的必然法则。这就要求区域经理必须以积极主动的心态去面对这些问题，面对产品调整、渠道改革、促销推广、经销商管理等方面存在的问题，积极地去想办法、找出路，只有这样才能使自己不落后，才能促进市场强有力的发展。

耐性

耐性讲的是一个人对待事情的承压能力和忍耐力，区域经理在日常工作中，总有各种各样的事情，有来自经销商的问题、有来自自己属下的事情、也有来自市场的事情，同时作为和公司、经销商以及业务人员承上启下的一个关键人物也面临着销量、回款、市场增长率和人员管理等方面的压力，这些事情和压力对于区域经理来讲，不可能在一朝一夕就能够解决好的。比如在市场上面销量的达成或者市场的开发进展等工作，这些工作需要有一个时间的过渡和漫长的时间积累；在经销商有些市场问题的解决上可能需要一个合适的时机或者是一个很长的解释和沟通过程，不可能一蹴而就。

因此，很多问题都需要区域经理有足够的耐性去面对，如果缺少耐性和承压能力，就可能出现一旦事情不能如己所愿就会心烦意乱、乱发脾气或者打退堂鼓的现象，不但丢失了客户也会使自己的目标难以实现。

自律性

区域经理的言行举止时时刻刻地影响着经销商和业务人员，因为业务人员以你为榜样在学习你，经销商在观察你、了解你的行事风格，要投其所好，因此，区域经理需要给业务人员起到好的榜样，这样才能管理好自己的下属；要给经销商传递按原则办事的信息，这样经销商才能在你面前无计可施。这就要求区域经理必须自律，如果区域经理缺少自律性，该做的不做，不该拿的偏要拿，恣意妄为，没有以身作则起到良好的表率作用，最终的结果是上行下效缺失威严，市场也不会有好的结果。

悟性

具备敏感的洞察力并能采取有效的方法进行解决这是区域经理的能力体现，但是，这个能力并不是每一个人都能够具备的，这也是为什么很多业务人员在营销生涯中难以成功的一个主要原因。不是营销人员的技巧和方法的问题，也不是所学的知识不够，而是因为缺乏悟性，即对市场的感觉或者直觉的判断能力，这种悟性的形成一方面需要在实践中去做，同时也需要在做的过程中多去想几个为什么。

从相关的竞品或者其他厂家的做法和行为来看，并多去了解问题背后的原因，不是简单地为做而做，而是在做、在看的过程中多去感受和领悟。对于一个区域经理来讲具备悟性，一方面可以在市场纷繁复杂的变化中找到问题的症结，从而快速作出判断并采取有效的方法；另一方面能够正确地领悟公司的政策和战略，并有效地予以实施，这样才能实现双赢。

责任

责任是一种压力也是一种负担，只有具备责任才能够将身上的压力转化为动力。企业赋予了区域经理权利的同时也意味将责任交到他们手中。一方面，向上需要对企业负责，负责给企业带来收益、带来市场份额；向下需要对经销商和自己的下属负责，负责让经销商能够多获利，下属收入有保障，对自己也要负责，让自己有更好的发展。另一方面，负责市场能够有长期的发展和长期的收益，只有具备了责任才能在市场工作中遵循实事求是的原则，对市场的长期规划和投入不贪图眼前小利，这样才能将市场做深做透，使企业和经销商实现双赢。

小提示：自信是对自我的肯定，是每个人走向成功的第一要素；勇气意味着敢作敢为，是将自己的自信表现在行动中的一种胆识，是每个人开启成功之门的钥匙。

心态决定一个人对事情的看法和行动，只有具备积极心态的人才能在困难面前焕发高昂的斗志和顽强的精神。

责任是一种压力也是一种负担，只有责任才能将身上的压力转为动力。

宋博士简单管理系列

宋新宇　著

让管理回归简单

——宋新宇博士帮你抓住管理的要害

宋新宇博士针对企业中最棘手、最现实的管理问题，从六个方面，即目标、组织、决策、授权、人才、老板自己，为管理者提出简单易行的解决方案。这些方法立竿见影，帮你抓住管理的要害，让管理变得简单。

让经营回归简单

——宋新宇博士帮你突破增长的瓶颈

让经营回归简单就是让自己（老板）、战略、客户、产品、员工、成长和学习简单。宋博士告诉你经营的秘诀，帮你迅速突破增长的瓶颈。读完这本书，你将会明白：

为什么最容易做的是第一

为什么要裁减客户

如何做到让客户主动来找你

如何避免老板常犯的37个错误

为什么家族企业也可以做大

比利润更重要的是什么

如何在一个弱势行业增长

做老板的不易之处在哪里

如何把企业做大

最好的顾问在哪里

让用人回归简单

——宋新宇博士帮你解决用人难题

“得人才者得天下，得人心者得人才”，认清和顺应当今人才管理的八大趋势，运用正确的人才管理方法，才能立于不败之地。

宋新宇博士在本书中从“用人的原则、用人的难题与误区、用人的方法、用人者的修炼”四大方面给中小企业的管理者们指导，帮助他们找到适合自己企业的用人之道。

涨价也能卖到翻
——提高客单价的 15 个黄金法则
[日]村松达夫　著

厂家、商家都在抱怨：毛利太低，卖得再多也不赚钱！

作为日本知名营销专家，作者针对这一困境告诉你：其实消费者是愿意花钱的，你一定有办法让他高高兴兴地把钱掏出来！

作者在书中，分享了他经过多年实践总结出的 15 个黄金法则，以帮你提高客单价，即让每个顾客在你的产品上、在你的店里掏出更多的钱，让你的东西涨价也能卖到翻！

卖轮子——选择最佳营销方式
[美]杰夫·科克斯　霍华德·史蒂文斯　著

这是一本特好玩的营销启蒙书，没有枯燥的概念、没有抽象的案例，有的只是古埃及的一对夫妇和他们的四个销售员一起把石头轮子卖到全国各地赚了大笔钱的神奇经历。

你不必期待用这本书解决你关于营销的所有疑惑，但你一定能享受一次妙趣横生的阅读之旅。我敢打赌，这一定是第一本你能够一口气读完的营销书！

中层领导力
——来自世界 500 强的中层内训课
[韩]崔秉权　姜珍求　金贤基　韩桑烨　著

本书由韩国四位著名领导力专家合力完成。他们来自企业管理现场，通过真实的职场故事，塑造了好中层、坏中层两个形象，帮助中层管理者认清自身管理上的不足，快速提升领导力，更好地激发团队工作热情，实现下属、自身、企业的多赢！

以下为送给中层的“六面镜子”：

无能上司造就低能下属　　监工上司造就爱搞小动作的下属

独裁上司造就盲从下属　　自命不凡的上司没人帮

推卸责任让下属无所归依　　工作狂上司身边充满好吃懒做的下属

边干边学做老板
——一个小公司老板的日常管理

这是一个小公司老板写的关于公司日常管理实践的书，还未出版就在天涯论坛“管理前线版”阅读40余万次！

本书将作者在公司经营、管理中的经验教训全盘托出，介绍了做老板必须注意的86个要害。对广大企业经营管理者有着巨大的借鉴价值。

学话术卖产品

本书把“顾客进店”直到“最后成交”这个过程细分为十个环节，分析常见的顾客异议，提出破解方案，将复杂的销售程序化，将优秀的话术模块化，让普通导购员也能成为销售精英。

为什么你的公司没长大

10年时间、1500多个县城、1000多位小老板为本书作者提供了近距离接触、研究小老板的机会，从而将小老板的众生相在笔端刻画得淋漓尽致。辛辣的讽刺和批评掩盖不了作者希望小老板成长、发展的良苦用心，更值得小老板们反复思量。

产品炼金术

本书从重新认识产品的价值、策划畅销产品、制订产品策略、新产品开发、产品线整合、产品生命周期、产品驱动三阶段、产品管理团队的领导、产品驱动的进化等问题出发，告诉你打造畅销品的新思维与好方法。

营销破局八大策略
——中小企业营销自我诊断工具书

从全局视角看销售困境:销量不好或许不只是销售的问题。8 大破局之道解开营销的难题、8 大策略快速提升销售业绩。

本书为企业在营销过程中各个层面的问题给出了精细、系统的解决方案,旨在帮助企业走出营销困局。

白酒营销的第一本书

国内第 1 部白酒营销实战指导图书!

环境在变,白酒企业面临前所未有的机遇和挑战。作者从酒业一线营销人员到华泽集团品牌部长,酒类市场摸爬滚打十多年,擅长新品推广、市场拓展,上演对其市场起死回生大戏。帮你打开白酒营销大门!

用流程解放管理者

国内第 1 部针对企业的流程管理实战图书!

作者 20 年专注流程管理及咨询实践,向你介绍:流程管理对中小企业的价值、流程分析、流程设计、流程优化与流程再造、项目体验、观察与思考、流程设计图实例这 7 大板块。

传统行业如何用网络拿订单
——中小企业现学现用的网络营销

国内第 1 部针对中小企业的网络实战指导图书!

作者以自己 10 多年的网络营销经验和研究积累为基础,为你带来最具实战性的建议!

公司的浪费是如何产生的

资源的价格越来越高。不能等了,必须堵住浪费的漏洞!

一本让老板看后又惊、又怒、又悔的书!

作者针对企业里各种浪费现象并结合现实场景,直指造成浪费的根源,提示管理者及时堵住各类漏洞。

中小企业如何建品牌

国内第1部中小企业建品牌操作实务型图书!

作者结合丰富的品牌咨询经验和亲身指导案例,分四步指导企业自建品牌。有品牌,就有未来;哪些错误观念误导了企业建品牌;建品牌的一般步骤及操作要点;中小企业如何抓住细分市场。

成为优秀的快消品区域经理
——37个"怎么办",助你更专业

掌控市场+内部管理+常见误区+工具箱+自我提升,37个"怎么办"全面系统分析区域经理的工作关键点。鲜活情景案例与具体操作的动作分解,手把手解决困惑和问题。

《一个销售经理的工作笔记》

一本专为销售管理者而著的实战指导图书。从实际出发,作者用自己的亲身经历给予读者来自管理一线的经验,提升自我、管好团队、管好市场与客户,语言平实、指导详尽、案例与方法充分结合。

《有远见的公司正在这样做》

这是本土专家所著的第1本“网络时代企业战略变革的操作指南”。

中国正在面临着一个伟大的“企业转型期”,有远见的公司正在把工业时代以来就默认的“产品为中心”转向“需求为中心”。

《中小企业网络营销应该这样做》——从入门到精通

网络推广成本低,此刻正是好时机;网络营销方法多,简明扼要好操作。

一本专为中小企业量身打造的,网络营销起步及实战指导型图书。

目的只有一个:让中小企业从网络营销中获得更强大的竞争优势!

《为什么制度得不到执行》

如何更好地用制度做管理?

如何制定出适合企业实际情况的管理制度?

如何让员工相信公司一定会依照制度奖惩?

这些都是企业在由小向大发展过程中不可避免的问题,如果学会“制度化管理”,企业在规模、效率方面就有可能上个台阶;否则,很难走出“一切靠能人”的窠臼。

《掌控终端营销》

“终端”关乎企业业绩的83%,却罕有“体系”完备的书籍面世,本书围绕“终端战略”、“终端管理”和“终端营销”三个方面,首次完整构筑了“终端营销”的逻辑框架,填补了这类图书市场的空白。

《如何应对税务稽查》

全面介绍税务稽查的整体形势,让企业正确认识税务稽查;本书着重介绍了税务机关针对各个税种稽查的原则和重点,以及企业的应对策略。

博瑞森中小企业管理丛书

	书名	作者	定价(元)
1	《让管理回归简单》	宋新宇	32.00
2	《让经营回归简单》	宋新宇	39.80
3	《让用人回归简单》	宋新宇	36.00
4	《卖轮子:选择最佳营销方式》	【日】村松达夫	39.80
5	《涨价也能卖到翻》	【美】杰夫·科克斯 霍华德·史蒂文斯	36.00
6	《中层领导力》	【韩】崔秉权 姜珍求 金贤基 韩桑烨	32.00
7	《边干边学做老板》	黄中强	58.00
8	《学话术 卖产品》	张小虎	32.00
9	《为什么你的公司没长大》	田友龙	48.60
10	《产品炼金术》	史贤龙	66.00
11	《营销破局八大策略》	崔自三	45.00
12	《白酒营销的第一本书》	唐江华	66.00
13	《用流程解放管理者》	张国祥	49.80
14	《传统行业如何用网络拿订单》	张进	45.60
15	《公司的浪费是如何产生的》	刘孝明	48.60
16	《中小企业如何建品牌》	梁小平	39.80
17	《成为优秀的快消品区域经理》	伯建新	49.80
18	《一个销售经理的工作笔记》	蒋军	即将出版
19	《有远见的公司正在这样做》	李蓓	即将出版
20	《中小企业网络营销应该这样做》	张守辉	即将出版
21	《为什么制度得不到执行》	王春强	即将出版
22	《掌控终端营销》	曾祥文	即将出版
23	《轻松应对税务稽查》	刘国东	即将出版

更多实战好书请关注:淘宝“博瑞森图书直营店”

回复短信免费体验阅读服务

发送“33”至:13611149991

博瑞森将为您提供:

【博瑞森管理书摘短信】

精选实务类管理好书精华。

每天一分钟,精华即刻读!

免费试用 2 周时间,若不续订,自动取消!

【博瑞森书友报】

一月两期的免费图书报,以邮件和彩信的形式进行发送。

传递新书资讯,筛选好书资源!

邮件版完全免费!

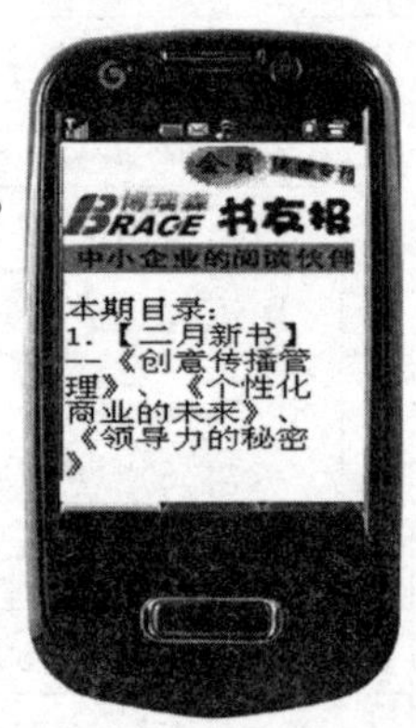

BRACE 博瑞森 博瑞森图书:中小企业的阅读伙伴

电话:010 - 51900529

公司网址:www. bracebook. com. cn

新浪官方微博:@ 博瑞森管理图书

博瑞森淘宝店铺:博瑞森图书直营店